Bergverein

Liederbuch für Berg- & Hüttenleute

Bergverein

Liederbuch für Berg- & Hüttenleute

ISBN/EAN: 9783743629776

Hergestellt in Europa, USA, Kanada, Australien, Japan

Cover: Foto ©Thomas Meinert / pixelio.de

Weitere Bücher finden Sie auf **www.hansebooks.com**

Liederbuch

für

Berg- und Hüttenleute.

Herausgegeben

von dem

berg- und hüttenmännischen Verein
zu Berlin

und

der Breslauer Knappschaft.

~~~~~~~

Berlin, 1862.

In Commission bei W. Lobeck.

Inhalt.

V

1.

Mel.: Vom hoh'n Olymp 2c.

Glückauf! Glückauf! erschallt's in unsern Reihen
  Aus unsrer Herzen frohem Drang.
Nie sollen irb'sche Güter uns entzweien,
  Das schwören wir beim Becherklang;
Feierlich reichen die Hände wir brauf,
Singen ein fröhliches herzlich Glückauf!

Hoch halten wollen wir am Vaterlande
  Mit unentweihter Sohnespflicht,
Und heilig achten all' die süßen Bande,
  Womit es uns so sanft umflicht,
Reicht Euch, Ihr Brüder, die Hände darauf,
Singet dem Vaterland herzlich Glückauf!

Und nun, Ihr Brüder, trinkt den Saft der Reben
  Auf treue Lieb' einander zu,
Ein jeder lasse hoch sein Weibchen leben
  Und trink' sein Gläschen aus in Ruh;
Füllet die Gläser und hebet sie auf,
Singet der Liebe, der Treue Glückauf!

1

Glückauf! dem kühnen Stand den wir erwählet
    Aus eig'nem Trieb und hoher Lust,
Heil' jedem, der der Teufe sich vermählet
    Und unten wallt mit treuer Brust.
Ringsum von Tod und Gefahren bedräu't,
Genießt er das Leben und freut sich der Zeit.

Und wird der Brüder einer auch gesendet
    Weit von uns weg ins ferne Land,
Doch nimmer sei das Herz von ihm gewendet,
    Auch fern umflicht ihn unser Band;
Ist einst vollendet die irdische Schicht,
Seh'n wir uns wieder im reineren Licht.

2.

Mel.: Frisch auf, Kameraden, auf's Pferd ꝛc.

Auf, auf, ihr Knappen, die Gläser gefüllt!
Heut gilt es dem Bergmann zum Preise,
Hoch ehren wir jubelnd des Fleißes Bild
In trauter Geselligkeit Kreise,
Wir bringen ein fröhlich „Glück auf" ihm dar,
Der die Schätze der Tiefe dem Lichte gebar.

Wo, nimmer erleuchtet, die schweigende Nacht
In ernsten Geheimnissen waltet,
Wo durch den muthig gesenkten Schacht
Der Gruben Gebäu sich gestaltet.
Da fährt er hinab mit kühnem Sinn,
Stets hoffend im Geiste den reichsten Gewinn.

Doch nimmer erringet sich ohne Müh',
Was grausende Tiefe bewahret,
Ob Schlägel und Eisen gleich spät und früh,
Sein rüstiger Eifer nicht sparet.
So raubt ihm doch oft ein feindlich Geschick
Das mühsam errungene belohnende Glück.

Und niemals verläßt ihn der strebende Muth,
Er giebt sich mit hohem Vertrauen,
Auch fern von dem Licht, in des Ewigen Hut,
Der ihn führt durch Dunkel und Grauen;
Es tönt ihm leis ein „Glück auf!" in der Brust
Und wecket in ihm neue Arbeitslust.

Doch ist noch immer das Werk nicht vollbracht,
Viel Taubes umhüllt noch das Reine:
Des Hüttenmanns Fleiß erst zu Gute noch macht
Das Metall und bringt es zur Feine.
Drum grüßen wir freundlich, dich Hüttenmann!
Und stimmen ein fröhlich „Glück auf!" dir an.

Noch einmal, ihr Brüder, die Gläser gefüllt,
Heut' gilt es der Knappschaft zum Preise;
Hoch ehren wir jubelnd des Fleißes Bild
In trauter Geselligkeit Kreise.
Wir bringen ein dreifach „Glück auf!" ihm dar,
Der die Schätze der Teufe dem Lichte gebar.

K. E. M. Mr.

————

3.

Mel.: Brüder lagert Euch im Kreise ꝛc.

Knappen, reichet Euch im Kreise
Treu die Hand nach Väter=Weise,
Leert die Becher, lieben Brüder,
Unsrem Stand ein froh: „Glück auf!"

Tiefen, welche nimmer tagen,
Berge, die zum Himmel ragen,
Dieser stillen Welt der Knappen
Ruft ein fröhliches: „Glück auf!"

Männer die mit Wort und Thaten
Muthig in die Schranken traten,
Deren Beispiel uns entflammt,
Ihnen dankbar ein: „Glück auf!"

Frauen, die nach deutscher Sitte
Walten in des Hauses Mitte,
Die das Leben uns bekränzen,
Ihnen dreimal ein: „Glück auf!"

Mädchen, die mit edlen Trieben
Nur den braven Knappen lieben,
Ihnen bringt aus voller Seele,
Brüder, Jeder ein: „Glück auf!"

Ihnen Allen, die vor Jahren
Uns'rer Knappschaft Brüder waren,
Und jetzt ruh'n in kühler Erde
Ihnen weih't ein still': „Glück auf!" —

Wenn auch wir einst heimgegangen,
Werden sie uns dort empfangen,
Wo sich Liebe nimmer trennt,
Mit dem Brudergruß: „Glück auf!"

4.

Bei einem Festgelage.

Auf, Brüder, setzt euch in die Runde,
　Stimmt an ein frohes Lied!
Laßt jubeln uns in froher Stunde;
　Seht, wie der Ofen glüht,
Gesellen, frisch herein, herein,
Und stimmet alle fröhlich ein!

Setzt euch am Feuerofen nieder;
　Es perlt der Wein, o trinkt!
Wer weiß, wann uns die Freude wieder,
　Wie heute, festlich winkt.
Es freu' sich jeder Hüttenmann,
Stoßt an, ihr Brüder, stoßet an!

Die nützlichsten Metalle bringen
　Wir durch die Gluth hervor;
Dem Ofen tön vor allen Dingen
　Ein Lied in vollem Chor.
„Du Flammenmeer, du bist's allein,
Dem wir die frohe Stunde weih'n!"

„Zermalm' in deinem Feuerschlunde,
„Den harten Schieferstein,

„Und spei' aus deinem Höllenmunde
  „Das Kupfer schön und rein;
„So bist du allen lieb und werth,
„Gern sitzen wir bei deinem Heerd!"

Noch lange, lange mögen leben
  Die guten edlen Herrn,
Die uns den frohen Tag gegeben! —
  Es sei von ihnen fern
Ein jeder trübe Sonnenblick,
Und lieblich strahl' ihr blühend Glück!

Der Kohlenmesser, Schieferwäger,
  Soll lange leben noch;
Ein jeder Schmelzer und Aufträger,
  Ja, alle leben hoch;
Hoch lebe unser edler Stand,
Schlagt ein, ihr Brüder, Hand in Hand!

A. Gr—r.

5.

Mel.: Bekränzt mit Laub ꝛc.

Jetzt, Freunde, folgt des Herzens frohem Drange
  Und stimmt fröhlich ein!
Dies Bergfest soll mit Sang und Becherklange
  Von uns gefeiert sein.

Dem Bergmann gilt's, der aus den Schächten
                                        windet
  Der Erdengüter Werth,
Und dessen Wirken höchsten Ruhm begründet
  Die Pflugschaar und das Schwerdt.

Ihm, der auf dunklen unterirb'schen Wegen
   Die Kohlenflötze baut,
Ihm, dessen Hände sich stets thätig regen,
   Und dem's im Schacht nicht graut:

Dem Bergmann gilt's, der, wenn nun zu dem
                       Ende
   Die saure Schicht sich neigt,
Nach dem vollbrachten Tagwerk seiner Hände
   Froh auf zum Lichte steigt.

Auf Bergmanns Wohl laßt uns die Becher heben,
   Und rufen laut: Glück auf!
Auf jedes Wohl, der ehrt des Bergmannsleben
   Zum zweiten Mal: Glück auf!

Und endlich und zum dritten Mal erschalle
   Dem Hort des Bergbaus laut
Ein fröhliches Glück auf! daß auf uns Alle
   Er huldvoll niederschaut.

6.

Was gleicht des Knappen ernstem Stande?
   Den Mann der Berge, kennt ihr ihn?
Ihr seht im schwarzen Grabgewande
   Ihn Tag für Tag zum Grabe zieh'n.
Das Glöcklein mahnt zur stillen Feier:
   Noch ein Gebet! — nun fährt er an!
Ihn hüllt die Nacht in ihren Schleier; —
   Fahr' wohl auf deiner dunklen Bahn!

Zu des Gebirges tiefen Grüften
  Sinkt unerschrocken er hinab;
Umweht von schaurig-kalten Lüften,
  Durchwallt von Stille, wie im Grab! —
O sänk' ich einst so unverdrossen,
  So ohne Furcht und ohne Harm,
Im Tod erbleicht, das Aug' geschlossen,
  Der ew'gen Ruhe in den Arm.

Das wackre Fäustel in der Rechten,
  In linker Hand sein Grubenlicht,
Wagt er sich zu den ew'gen Nächten;
  Gefahr und Dunkel schreckt ihn nicht. —
O stieg ich einst mit Licht und Stärke,
  Gerüstet, wenn die Stunde ruft,
Im festen, frommen Tagewerke,
  Hinunter in die stille Gruft.

Durch lange Stollen, düstre Gänge
  Wallt schon der Bergmann heiter fort;
Der Wagen klirrt auf dem Gestänge,
  Glück auf! er lagert sich vor Ort.
Die Wölbung starrt ihm schroff entgegen,
  Und trotzt der schwachen Menschenhand;
Umsonst, er bohrt und bricht verwegen,
  Und donnernd stürzt die Felsenwand.

Ins feste Bergschloß eingedrungen,
  Gewinnt er das verborg'ne Gut.
Es wird der schwarze Stein errungen,
  Darin so labend Feuer ruht.

Geduld und Muth und Fleiß besiegen
　　Die Elemente riesengroß;
Die finstern Mächte unterliegen,
　　Und lassen ihre Schätze los.

Wohl droht in seiner Felsengrotte
　　Gefahr und Unglück um ihn her;
Doch still vertraut er seinem Gotte:
　　Der Herr ist Sonne, Schild und Wehr,
Ob Berge weichen, Hügel fallen,
　　Die ew'ge Treue wanket nicht!
Drum fest, wie diese Felsenhallen,
　　Sei Bergmanns Glaube, Treu' und Pflicht!

Gust. Schneider.

7.

O Tannebaum! o Tannebaum! 2c.

Das Fest der heil'gen Barbara
Begeh'n wir heute wieder,
Drum schallen kräftig durch den Saal
Die alten Bergmannslieder.
Wir denken fröhlich an die Zeit,
Da wir noch angefahren;
Süß ist ja die Erinnerung
Bestandener Gefahren.

Das Schleppen macht nicht viel Plaisir,
Man darf nicht ruh'n noch rasten,
Von selber fahren leider nicht
Die vollen Kohlenkasten.

Und springt ein solches Ungethüm
Einmal aus dem Gestänge,
Hilft selbst die heil'ge Barbara
Uns nicht aus dieser Enge.

Wir denken noch mit Schrecken dran,
Als wir einst Holz geschnitten;
Was haben wir im Winter da
Vor Kälte nicht gelitten!
Und wurde, leider nur zu oft,
Der Kamm'rad ungehalten,
Da mußt' ein Buttel alter Korn
Das Gleichgewicht erhalten.

Nicht ewig dauert diese Qual,
Man avancirt zum Häuer;
Doch war bei diesem neuen Amt
Uns manchmal nicht geheuer.
Wenn das Gedinge stand pro Mann
Auf funfzehn Tonnen Kohlen,
Da dachte man in seinem Grimm:
Da kann der Teufel holen!

Das Schachtabteufen ist fürwahr
Mitunter gar nicht übel,
Nur dürfen keine Sümpfe sein
Und keine Wasserkübel.
Doch in den meisten Fällen ist's
Dem Douchebad gleich zu setzen,
Aus allen Klüften regnet es,
Dem Bergmann zum Entsetzen.

Man hängt sich gleich, ist man zu Haus,
Zum Trocknen an den Ofen,
Und spielt nun mit Gemüthlichkeit
Den deutschen Philosophen,
Läßt aus des Bergamts-Bibliothek
Sich Hartmann's Werke geben,
Und sucht sich klar zu machen d'raus,
Was Streichen und was Schweben.

Und während nun der Bergmann muß
In Kält' und Nässe sitzen,
Lernt, wenn er es noch nicht gekonnt,
Der Hüttenmann das Schwitzen.
Und ob er auch im Warmen sitzt,
Man kann ihn nicht beneiden,
Er muß bei dieser Lebensart
An Rheumatismus leiden.

Verflossen ist die Anfahrtszeit,
Wir griffen stracks zur Feder;
Doch bleiben wir im Selbstgefühl
Die braven Herrn vom Leder
Auf gute Kameradschaft laßt
Uns drum die Gläser leeren,
Und auf der ganzen weiten Welt
Bleibt unser Fach in Ehren!

                              v. Patisch.

8.

Mel.: Bekränzt mit Laub den lieben vollen Becher ꝛc.

Glück auf! Glück auf! ihr trauten lieben Gäste,
:,: Ihr Freunde allzumal! :,:
Seid uns gegrüßt zum schönen Bergmannsfeste
:,: Beim fröhlichen Pokal! :,:

Laßt uns vereint ein munteres Liedchen singen
:,: Nach altem Bergmannsbrauch, :,:
Ein froh „Glückauf!" dem edlen Bergbau bringen
:,: Und dann — uns selber auch! :,:

Und wem schallt nun ein froh' „Glück auf!"
entgegen?
:,: Den Obern sei's gebracht, :,:
Die Bergmanns Wohl berathen, fördern, mehren
:,: Mit Weisheit und Bedacht. — :,:

„Glück auf" zuletzt den braven Knappen allen
:,: Bei voller Gläser Klang! :,:
Laßt's laut und froh im Jubelruf erschallen
:,: Den ganzen Grund entlang! :,:

9.

Mel.: Ich bin ein Preuße ꝛc.

Ich bin ein Bergmann, kennt Ihr wohl das
Zeichen
Des Schlägels und des Eisens silbern Bild?
Dem alle finstern Erdenmächte weichen,
Dem Elemente trotzend noch so wild.

Ob auch in finstern Nächten,
In ewig dunkeln Schächten,
Mir nimmer strahlt der helle Sonnenschein,
Ich bin ein Bergmann, will ein Bergmann sein.

Erglänzte nicht in unsrer Grube Dunkel
Dem Auge mancher lieblich-helle Schein?
Umschwebte nicht mit himmlischem Gefunkel
Uns lächelnd Freundschaft, Liebe, Lied und Wein?
Sie sind uns treu ergeben,
Sie schmücken unser Leben,
Sie bringen Licht in ew'ge Nacht hinein,
Ich bin ein Bergmann, will ein Bergmann sein.

D'rum lasset jubelnd jetzt die Becher schallen,
Und bringt der Freundschaft freudig ein
Glück auf!
Glüht sie nicht hoch in unsren Herzen allen
Und kränzet lieblich unsren Lebenslauf?
Aus nah' und fernem Lande
Vereint uns ihre Bande,
Schließt uns ja Alle eine Knappschaft ein!
Ich bin ein Bergmann, will ein Bergmann sein.

Und wartet nicht in jungfräulicher Schöne
Das holde Liebchen in der Heimath mein?
Ihr schallen freudig uns're Jubeltöne,
Ihr woll'n wir freudig diesen Becher weih'n!
Glück auf, ihr frohen Brüder!
Es schalle donnernd wieder:
Des Bergmanns Braut muß stets die schönste sein!
Ich bin ein Bergmann, will ein Bergmann sein.

Sind wir denn nicht der Erde liebste Söhne?
Wer sinkt ihr so vertrauend an die Brust?
Wer schaut sie so in ihrer schönsten Schöne?
Wem füllt sie so das Herz mit Freud' und Lust?
    Laßt uns die Becher heben!
    Glück auf dem Bergmannsleben!
Es stimmt ja Jeder freudig mit uns ein:
Ich bin ein Bergmann, will ein Bergmann sein.

10.

Mel.: Frisch auf, Kameraden, auf's Pferd ꝛc.

Glück auf! Glück auf! in der ewigen Nacht;
    Glück auf! in dem furchtbaren Schlunde.
Wir fahren hinab in den felsigen Schacht,
    Zum erzgeschwängerten Grunde
Tief unter der Erde, von Grausen bedeckt,
Da hat uns das Schicksal das Ziel gesteckt.

Da regt sich der Arm, der das Fäustel schwingt;
    Es öffnen sich furchtbare Spalten,
Wo der Tod aus tausend Ecken uns winkt,
    In gräulichen Nebelgestalten.
Und der Knappe wagt sich muthig hinab
Und steigt entschlossen in's finstere Grab.

Wir wandern tief, wo das Leben beginnt,
    Auf nie ergründeten Wegen.
Der Gänge verschlungenes Labyrinth
    Durchschreiten wir kühn und verwegen.
Wie es oben sich regt im Sonnenlicht,
Der Streit über Tage bekümmert uns nicht.

Und wenn sich Herrscher und Völker entzwei'n
    Und dem Ruf der Gewalt nur gehorchen,
Und Nationen im Kampf sich bedräu'n,
    Dann sind wir geschützt und geborgen.
Denn wem auch die Welt, die entflammte, gehört,
Nie wird in der Teufe der Frieden gestört.

Zwar ist uns wohl manch' gräßlicher Streit
    Im Dunkel der Schächte gelungen;
Wir haben die Nacht von Geistern befreit
    Und den mächtigen Kobold bezwungen,
Und bekämpft das furchtbare Element,
Das in bläulicher Gluth uns entgegen brennt.

Zwar toben uns tief, wo nichts Menschliches
                    wallt,
    Die Wasser mit feindlichem Ringen;
Doch der Geist überwindet die rohe Gewalt,
    Und die Fluth muß sich selber bezwingen.
Gewältigt gehorcht uns die wogende Macht,
Und wir nur gebieten der ewigen Nacht.

Und still gewebt durch die Felsenwand
    Erglänzt das Licht der Metalle,
Und das Fäustel, in hochgehobener Hand,
    Saust herab mit mächtigem Schalle;
Und was wir gewonnen in nächtlichem Graus,
Das ziehen wir fröhlich zu Tage heraus.

Da jagt es durch alle vier Reiche der Welt,
    Und jeder möcht' es erlangen;
Nach ihm sind alle Sinnen gestellt,
    Es nimmt alle Herzen gefangen.

Nur uns hat nie seine Macht bethört,
Und wir nur erkennen den flüchtigen Werth.

D'rum ward uns ein fröhlicher leichter Muth
  Zugleich mit dem Leben geboren,
Die zerstörende Sucht nach eitlem Gut
  Ging uns in der Teufe verloren.
Das Gefühl nur für Vaterland, Lieb' und Pflicht
Begräbt sich im Dunkel der Erde nicht.

Und bricht einst der große Lohntag an,
  Und des Lebens Schicht ist verfahren;
Dann schwingt sich der Geist aus der Tiefe hinan,
  Aus dem Dunkel der Schächte zum Klaren,
Und die Knappschaft des Himmels nimmt ihn auf,
Und empfängt ihn jauchzend: Glück auf!

                          Glück auf!
                    Theodor Körner.

11.

Eigene Melodie.

„Glück auf!" ist unser Bergmannsgruß,
„Glück auf!" „Glück auf!" „Glück auf!"
Bei Arbeit, die das Leben kürzt,
Sowie beim Mahl, das Freude würzt,
Tönt stets ein froh' „Glück auf!"

„Glück auf!" schallt es durch Berg und Thal,
Durch die der Bergmann wallt,
Wenn kaum das junge Tageslicht
Mit Müh' durch Nacht und Dunkel bricht,
Und schwarz noch steht der Wald.

„Glück auf!" „Glück auf!" ein froh „Glück auf!"
Ruft Knapp' dem Knappen zu,
Wenn ihn die Pflicht bei finstrer Nacht
Ruft zu dem Grabesgleichen Schacht
Aus Schlaf und sanfter Ruh'.

Doch spricht nicht blos der Mund „Glück auf!"
Das Herz beut auch den Gruß;
Denn Frohsinn und Zufriedenheit
Ist stets des Bergmanns Seligkeit,
Bei Arbeit sein Genuß.

Zwar sind wir von Gefahr nicht frei,
Doch wo giebt's nicht Gefahr?
Wer einmal hier auf Erden lebt,
Wenn er auch nicht in Schächten gräbt,
Dem droht sie immerdar.

Der Bergmann scheut Gefahren nicht,
Ihn schreckt selbst nicht der Tod;
Und lösen auch bei seinem Grab
Sich krachend Felsenwände ab,
Er denkt: So will es Gott!

Wir fahren sonder Furcht hinab,
Mit der Gefahr vertraut;
Wir sehn bei unserm Grubenlicht
So manches Menschenelend nicht
Vor dem am Tag uns graut. —

12.

Der Bergmann mit dem Hüttenmann
  Und Köhler sich einst stritte,
Wer doch der ehrenvollste Mann
  Wohl sei aus ihrer Mitte.
Der Bergmann, dem es dünkte schier,
Die Ehre, die gebühret mir!
  Begann mit freiem Tone:

Den Bergmann lobt man überall,
  Und thut ihn weidlich preisen;
Sein Fleiß gewinnet das Metall
  Mit Schlägel und mit Eisen;
Er hat bei Herrn und Fürsten Gunst
Und überall ist seine Kunst
  In Ansehn und in Ehren.

Der Schmelzer sprach: ich bin der Mann,
  Der, was ihr habt gegraben,
Erst in Metall verwandeln kann,
  Mich müßt ihr bei euch haben.
Eu'r Erz, o glaubt es sicherlich.
Es kann dem Menschen, ohne mich,
  Nicht im Geringsten nützen.

Der Köhler hörte dieses an,
  Und fing drob an zu lachen,
Und sprach: was kannst du Hüttenmann,
  Doch ohne Kohlen machen?
Durch Kohlen machst du das zu Gut,
Was dir der Bergmann fördern thut;
  Der Köhler ist der Erste!

Der Streit ging endlich da hinaus,
   Daß sie sich drob vereinten,
Und alle friedlich in ein Haus
   Nur zu gehören meinten,
Und daß sie wollten sonder Streit
Um Rang und Ehre, jederzeit
   Hinfort zusammen halten.

K. Ch. W. Kolbe.

13.

Schon wieder tönt vom Schachte her
Des Glöckleins dumpfes Schallen;
Laßt eilen uns, nicht säumen mehr,
Zum Schachte laßt uns wallen.
D'rum, Liebchen, gieb den letzten Kuß,
Laß scheiden uns vom Hochgenuß,
   Das ist des Schicksals Lauf.
      Glück auf!

Bald fahren wir mit heit'rem Sinn
Die steile Fahrt hernieder.
Ein Jeder eilt zur Arbeit hin,
Und Alles regt sich wieder.
Man hört des Pulvers Donnerknall,
Des Schlägels und des Eisens Schall,
   Der Hunde Räderlauf.
      Glück auf!

Und sollte einst in ew'ger Nacht
Mein letztes Stünblein schlagen,
So steh' ich ja in Gottes Macht,
Der hilft mir Alles tragen.

D'rum, trautes Liebchen, weine nicht,
Den Tod nicht scheu'n, ist Bergmanns Pflicht!
Ich fahr' zum Himmel hinauf!
    Glück auf!

14.

Der Mensch soll nicht stolz sein auf Gut und
                    auf Geld
Es lenkt halt verschieden das Schicksal die Welt;
Dem Einen hat's die Gaben, die gold'nen,
                    bescheert,
Ein Anb'rer muß graben tief unter der Erd'.

Der Mensch soll nicht denken, ein Anb'rer wär'
                    z'schlecht,
Vom Himmel hat Jeder das nämliche Recht;
Das Schicksal läßt wandern den Ein'n hochgeehrt
Unb fühlt auch den Andern tief unter der Erd'.

Der Mensch soll nicht hassen, zu kurz ist das Leb'n!
Er soll, wenn er 'kränkt wird, von Herzen vergeb'n;
Wieviel ha'n hienieden den Krieg sich erklärt,
Unb jetzt machen's Frieden tief unter der Erd'.

Der Mensch soll nicht lieben, wenn's Ernst ihm
                    nicht ist,
Gar schwer ist zu heilen, was Liebesgram frißt.
Wie mancher hat gebrochen ein Herz, lieb unb
                    werth,
Das enblich erst Ruhe fanb unter der Erd'. —

15.

Glück auf, Glück auf!
Der Steiger kommt
Und er hat sein Grubenlicht — bei der Nacht
Schon angezünd't.

Schon angezünd't!
Das wirft seinen Schein,
Und damit fahren wir — bei der Nacht
In's Bergwerk ein.

In's Bergwerk hinein,
Wo die Bergleute sein,
Die da graben das Silber und das Gold — bei
der Nacht
Aus Felsgestein.

Der Eine gräbt das Silber,
Der And're gräbt das Gold.
Doch dem schwarzbraunen Mägdelein — bei der
Nacht
Dem sein sie hold.

Ade, nun Ade!
Herzliebste mein!
Und da drunten im tiefen finstren Schacht —
bei der Nacht,
Da denk' ich Dein.

Und kehr' ich heim
Zum Liebchen mein,

Dann erschallet des Bergmanns Gruß — bei
der Nacht:
Glück auf! Glück auf!

Die Bergleute sein
Kreuzbrave Leut',
Denn sie tragen das Leder vor dem Arsch —
bei der Nacht
Und fressen Fleisch und saufen Schnaps.

16.

Tief in der Erde Schooß
Ward uns ein ernstes Loos.
Da gaben uns freundliche Mächte,
Daß Muth er und Freude uns brächte,
Den biedern Gruß Glück auf! :,:

Wenn tief im finstern Schacht,
Der Vorwelt heil'gen Nacht,
Die kräftigen Schläge erschallen,
Gesprengt dann die Felsen zerfallen,
Ertönet froh Glück auf! :,:

Droht uns in schwarzer Nacht
Der Wasser wilde Macht,
Wir führen sie mit sich zu ringen,
Die Fluth muß sich selber bezwingen,
Beim frohen Ruf Glück auf. :,:

Und tritt Gefahr uns nah',
Wie Felsen stehn wir da,

Kein Knappe, kein braver, wird weichen,
Nie bricht ja das Wetter die Eichen,
Den Muth erhebt Glück auf!

Und ist vollbracht die Schicht,
Führt uns die Fahrt zum Licht;
Dann grüßen mit Lust wir und Wonne,
Dem Ewigen dankend, die Sonne
Mit jauchzendem Glück auf! :,:

17.

Mel.: Vom hoh'n Olymp ꝛc.

Tief unter jedem lebenden Geschlechte
Beginnt des Bergmanns steile Bahn,
Nur in dem Reiche ewig dunkler Nächte
Bricht seines Glückes Morgen an:
Doch fröhlich erschallt aus der Tiefe herauf
Des Bergmanns frohes Glück auf! Glück auf!

Und was er dort auf niebetret'nen Wegen
Den Elementen abgewann;
Der alten Berge edlen, reichen Segen —
Empfängt am Tag der Hüttenmann.
Ihn grüßet aus nächtlicher Tiefe herauf
Des Bruders frohes Glück auf! Glück auf!

Was tief im kühlen Felsenbett' die Erde
Einst zeugte mit dem Gott der Nacht,
Das zwingt, auf daß es rein und lauter werde,
Der Hüttenmann durch Feuersmacht!

Und blickt es hell aus den Gluthen herauf,
Dann tönet jubelnd ein frohes Glück auf!

So reichen Beide traulich sich die Hände
Zum Werke, das uns Allen frommt,
Auf daß der Eine brüderlich vollende,
Was durch den Andern roh zu Tage kommt.
Mit Wettern und Rauch zu den Wolken hinauf
Steigt wirbelnd von Beiden ein frohes Glück auf!

Drum laßt uns treu am alten Bunde halten,
Der unsre Herzen längst umwebt;
Laßt uns für unsern Bergbau nie erkalten,
So lang' ein Puls noch in uns bebt.
Rasch füllet die Becher und hebet sie auf,
Und ruft unserm Stande ein dreifach Glück auf!

Und ihm noch laßt ein froh: Glück auf! ertönen,
Auf den mit Stolz der Preuße baut;
Ihm, der das Glück des Bergbau's frisch zu
                                        krönen,
Auf Berg' und Hütten huldvoll schaut.
Dem König erschalle zum Throne hinauf
Von Berg' und Hütt' ein treues Glück auf!

                              v. Manteuffel.

18:

Wenn schwarze Kittel schaarenweis
    Nach der Grube ziehen,
So höret Ihr bei Hitz' und Eis
    Nur frohe Melodien.

Bergmannsblut, Bergmannsblut,
Bergmannsblut hat frischen Muth.
   Glück auf!

Und eh' der schwarze Kittelmann
   Hinab zum Schachte fährt,
Stimmt er ein frommes Lied erst an.
   Das seinen Herrgott ehrt.
Bergmannsblut, Bergmannsblut,
Bergmannsblut hat frommen Muth.
   Glück auf!

Und ist die saure Schicht vollbracht,
   Schaut er nach Weib und Kind;
Sagt seinem Kam'rad gute Nacht,
   Muß nach Haus geschwind.
Bergmannsblut, Bergmannsblut,
Bergmannsblut hat Lieb' und Muth.
   Glück auf!

So ist es bis zu dieser Frist,
   Warum? Ihr wißt es schon!
Dieweil Herr Doctor Luther ist
   Eines Bergmanns Sohn!
Bergmannsblut, Bergmannsblut,
Bergmannsblut du schönes Blut.
   Glück auf!

———

19.

Wer steigt dort herab durch den felsigen Schacht
    Auf sonderbar lustigen Wegen?
Wer wandelt dort in der ewigen Nacht,
Wo Grauen herrscht und kein Leben wacht,
    Und Wetter ziehn tödtend entgegen,
Und klimmt umher, daß sich sträubet das Haar?
Das ist der Knappen kühne verwegene Schaar!

Wer war dort, wo erst der Schuß geknallt,
    Wie des Donners stürmisches Rollen;
Der an die zackigen Klüfte prallt
Und dumpf darin hin und wiederhallt,
    Durch den steilen Schacht und im Stollen,
Daß Männerherzen wohl graut vor Gefahr? —
Das ist der Knappen kühne verwegene Schaar!

Wer schwebet denn da so kühn in der Luft,
    Am mächtigen schwankenden Seile?
Wer dort aus der schwindelnden Teufe ruft?
Wer fähret da durch die gähnende Kluft
    In unaufhaltsamer Eile.
Wie niederbrauset zum Neste der Aar? —
Das ist der Knappen kühne verwegene Schaar!

Und Knappen sind es! tönt's überall
    Wo fliehen die Schreckensgestalten;
Und von des Fäustels gewichtigem Fall
Zusammenstürzet wohl jeglicher Wall,
    Gethürmt durch der Kobolde Walten;

Und singend rings tönt es immerbar:
Das ist der Knappen kühne verwegene Schaar!

C. Stegmaher.

20.

Mel. Der Sänger saß 2c.

Der Bergmann bringt in's dunkle Tief der Erde
   Und sprengt das wilde Felsgestein;
Daß Edles nur zu Tag gefördert werde,
   Schlägt er mit Muth und Hoffnung ein.

Chor.

Der Bergmann schließt der Berge Klüfte mu-
                        thig auf;
Der Bergmann folgt der Gänge wundervollem
                         Lauf;
   Und hat er reich und edles Erz gefunden,
   Ertönt ein fröhliches: Glück auf!

Was er aus tiefen Schachten mühsam windet
   Bestimmt der Erdendinge Werth:
Doch seines Treibens schönsten Ruhm begründet
   Des Pflugschaars Eisen und das Schwert.

Chor.

Der Bergmann schließt 2c.

Wie ständ' es um den Schmuck der edlen Frauen
   Fehlt' ihnen Gold und Edelstein?
Oft kann, was ihre Hände künstlich bauen,
   Nur durch Metall so schön gedeih'n.

Chor.

Der Bergmann schließt 2c.

Und welche Freude, wenn zum frohen Ende
  Der Arbeit harte Schicht sich neigt,
Wenn nach vollbrachtem Tagewerk der Hände,
  Der Bergmann auf zum Lichte steigt!

Chor.

Der Bergmann schließt rc.

Wenn auf gefahrvoll unterirb'schen Wegen
  Der Herr ihn schützte vor Gefahr,
Dann wehet lieblich ihm der Tag entgegen,
  Da glänzt der Himmel wunderbar.

Chor.

Der Bergmann schließt rc.

Und mag uns keiner unsern Stand verachten:
  Er zeugte viele Brave schon.
Wohl manches Dunkel würde uns umnachten,
  War Luther nicht, der Bergmanns=Sohn.

Chor.

Der Bergmann schließt rc.

Drum laßt uns jetzt ben vollen Becher heben,
  Und stimmet alle mit uns ein.
Wer treulich hält am echten Bergmannsleben,
  Dem soll dies „Hoch!" gerufen sein.

Chor.

Der Bergmann schließt rc.

Doch Ihm von Neuen soll bies Lied erschallen,
  Der uns beschirmt mit treuer Hand:

Denn heilig schlägt das Herz den Knappen allen.
  Für König und für Vaterland.
Chor.
Der Bergmann schließt ꝛc.

21.

Der ist der Herr der Erde,
Wer ihre Tiefen mißt,
Und jeglicher Beschwerde
In ihren Schooß vergißt.

  Wer ihrer Felsenglieder
  Geheimen Bau versteht,
  Und unverdrossen nieder
  Zu ihrer Werkstatt geht.

Er ist mit ihr verbündet
Und inniglich vertraut,
Und wird von ihr entzündet,
Als wär' sie seine Braut.

  Sie sieht ihm alle Tage
  Mit neuer Liebe zu
  Und scheut nicht Müh' und Plage,
  Sie läßt ihm keine Ruh'.

Die mächtigen Geschichten
Der längst verfloss'nen Zeit
Ist sie ihm zu berichten
Mit Freundlichkeit bereit.

Der Vorwelt heil'ge Lüfte
Umweh'n sein Angesicht
Und in die Nacht der Klüfte
Strahlt ihm ein ew'ges Licht.

Er trifft auf allen Wegen
Ein wohlbekanntes Land,
Und gern kommt sie entgegen
Den Werken seiner Hand.

Im folgen die Gewässer
Hilfreich den Berg hinauf,
Und alle Felsenschlösser
Ihm ihre Schätze auf.

Er führt des Goldes Ströme
In seines Königs Haus
Und schmückt die Diademe
Mit edlen Steinen aus.

Zwar reicht er treu dem König
Den glückbegabten Arm;
Doch fragt er nach ihm wenig
Und bleibt mit Freuden arm.

Sie mögen sich erwürgen
Am Fuß um Gut und Geld,
Er bleibt auf den Gebirgen
Der frohe Herr der Welt. —

Novalis.

22.

Mel.: Was gleicht wohl auf Erden ꝛc.

Im Dunkel der Erde liegt unser Vergnügen,
Es blinkt bei des Grubenlichts trüglichem Schein
Drum muthig hinab in die Nächte gestiegen,
Drum wagende Brüder fahrt fröhlich nur ein!

Und blinkt euch, auf vielfach verschlungenen
Wegen,
Der Stufen und Erze erglänzender Lauf,
Durch Grauen und Dunkel erfreulich entgegen,
Begrüßt ihn mit fröhlichem, heiterm Glück auf.

Wenn rührig im Takte die Fäustel wir schwingen,
Daß ringsum mit dumpfem, weit tönenden Fall
Gewichtige Berg' dem Gesteine entspringen,
Der Schuß sich entladet mit furchtbarem Knall,

Und drein dann ertönet des Wasserfalls Brausen,
Und pfeifend der Künste gewaltiges Spiel; —
Da stehen wir furchtlos in Schrecken und Grausen,
Erbeben nur freudig im Männergefühl.

Hinab drum, ihr wagenden Söhne der Teufe,
Zu suchen, zu finden das irdische Glück;
O laßt's uns verfolgen durch Klüfte und Läufe,
Mit sicherem Schritt, mit bedachtsamem Blick.

Drum eilig hinab zu dem Felbort, ihr Brüder,
Hinab durch den mächtigen felsigen Schacht;
Nur muthig die schwankenden Fahrten hernieder,
Hinab in die ewig gebärende Nacht!

C. Stegmeyer.

23.

Wenn ich meinen Wagen roll',
Von gehäuften Kohlen voll,
Denk' ich: So bei frohem Sinn
Rollt ja auch das Leben hin.

Drückt auch centnerschwere Last
Meinen Wagen nieder fast,
Dennoch rollt er muthig fort,
Bis zum Tageslichte dort.

Also, wenn auch Last und Müh'
Drückt mein Leben spät und früh',
Denk' ich: immer froh gelebt,
Bis man mir die Grube gräbt!

Rollt doch bis zum Lichte dort
Auch mein Lebenswagen fort,
Bis, entledigt seiner Last,
Er gefunden Ruh' und Rast.

A. Hengstenberg.

24.

Mel. Ich hab' ein kleines Hüttchen nur 2c.

Lieg' ich vor stillem Ort allein
Bei meiner Lampe matten Schein,
So sehn' ich mich hinaus zum Tag,
Der jetzt dem Liebchen glänzen mag.

Als mich das Glöcklein rief zur Schicht,
Ich auszog bei dem Sonnenlicht,
War's still in ihrem Kämmerlein,
Ich stand auf heller Haid' allein.

Da betet' ich wohl zu dem Herrn,
Dem treuen Knappen hilft er gern,
Da betet' ich für sie und mich;
Das Herz schwoll mir so wonniglich.

Es tönt mir jetzt des Fäustels Schlag,
Ihr lacht der junge helle Tag,
Sie freuet sich der Sonnenpracht,
Dem Häuer ist so weh im Schacht.

Wär' diese jetzt die letzte Schicht,
Wenn jetzt das treue Herze bricht,
Dann kommt sie zu dem Schacht und weint,
Denn Bergmann hat es treu gemeint.

Sie weint sich dann die Aeuglein roth,
Denn ach! ihr Liebster ist ja todt;
Sie pflanzt auf's Grab der Rosen zwei,
Der Bergmannslieb', der Bergmannstreu'.

A. Leschner.

25.

Mel.: Freudvoll und leidvoll ꝛc.

Höre mein Liebchen, komm höre mein Lied!
Liebe, ach Liebe im Herzen mir glüht;
Hab' keine Ruhe und hab' keine Rast,
Bis du, mein Liebchen, erhöret mich hast. :,:

Wenn ich gefahren zum finsteren Schacht,
Hab' ich mit Sehnsucht an dich stets gedacht.
Schwang ich mein Fäustel mit sicherer Hand,
Hab' ich, mein Liebchen, dir Seufzer gesandt.

Unten im Berge, entfernt vom Gewühl,
Tief, ach, da drunten ist's schaurig und kühl;
Aber mein Herz ist vor Liebe so warm,
Komm drum, mein Liebchen, und stille den Harm.

Förderst du, Holde, zu Tage mich nicht.
Hat bald der Knappe vollendet die Schicht.
Du nur alleine kannst lindern die Pein,
Du nur sollst ewig mein eigen ja sein.

P. J. Beumer.

26.

Mel.: Schier dreißig Jahre bist du alt rc.

Schon viele Jahre bist du alt
    Warst mit auf mancher Fahrt,
Sahest mich oft wohlgemuth und heiter,
Warest in Gefahren mein Begleiter
    Nach treuer Bergmannsart.

Zum Staate hast du neu gedient;
    Da hattest du noch Glanz.
Mit dem Kittel, Schloß, Schachthut und Feder
Hast du oft mich gezieret, gutes Leder!
    Gingst auch mit mir zum Tanz.

Da waren beide wir noch jung,
  Und ich wohl stolz auf dich;
Jetzo sind wir beide nun zwar älter.
Meine Liebe ward darum nicht kälter,
  Auch du umfängst noch mich.

Doch nun mußt du zur Grube mit,
  Mußt fahren mit vor Ort,
Dich im Schmutz und Wasser willig fügen,
Mußt mir dienen im Sitzen, im Liegen,
  Dich plagen immerfort.

Drum siehst du auch so grämlich aus,
  Bist steif und glänzest nicht
Sei getrost! und gingest du in Stücken,
Will dich putzen, will dich wieder flicken,
  Du thust ja deine Pflicht.

Und wenn die letzte Schicht einst kommt,
  Dann sag' ich froh: Glück auf!
Schließ ich dann die müden Augenlieder,
Fährst du mit zur letzten Grube nieder;
  Glück auf dann, Welt! Glück auf!

B. Perlberg.

27.

Mel.: Was ist des Lebens höchste Lust 2c.

In Mansfelds grauer Sagenzeit
Da haus'te in dem Berg,
Die Hüneburg genannt bis heut,
Ein weinbegier'ger Zwerg.

3*

Gern lieh er Silberschüsseln dar,
Wenn Zins ein Krug voll Weines war,
Tralla! Tralla! 2c.

Bei Bergmanns-Hochzeits-, Kindtaufsschmaus
Gefiels ihm immer baß,
Wenn Kirmesvater trug hinaus
Ihm solches eble Naß,
Den Wein her! rief er schmunzelnd dann,
Bekomm' Dir's Berg- und Hüttenmann!
Tralla! Tralla! 2c.

That dieser ihm darauf Bescheid,
Dann grinsete der Bolk.
Stets durstiger seit jener Zeit,
Ward's Berg- und Hüttenvolk. —
Glaub's, durst'ger Berg- und Hüttenmann,
Der Bergzwerg hat Dir's angethan!
Tralla! Tralla! 2c.

Die erste Schicht der Junge treckt,
Es wird ihm wunderlich.
Indem er in der Fahrt sich streckt,
Wünscht er ein Gläschen sich.
Er gösse, hätt' er's nur zu Kauf,
Gern Wein statt Oel der Lampe auf,
Tralla! Tralla! 2c.

Spitzhäuer wird nach Jahr und Tag
Der muntre brave Jung'.
Doch spitzt er auch bei Hieb und Schlag
Nach frischem Trank die Zung'.

Damit das Spitzen nicht zu schwer!
Dem Spitzer flugs ein Gläschen her!
Tralla! Tralla! 2c.

Zum Häuer endlich avancirt,
Muß er gelöset sein.
Im Meistertrinken exercirt
Ihn nun die Lösung ein.
Glück auf, Kam'raden! heißt es dann:
Auch trinkend steh' ich meinen Mann
Tralla! Tralla! 2c.

Was Wunder, wenn als Steiger doch
Er's immer ärger macht.
Ihm rinnts hinab wie in ein Loch,
Wird ihm der Krug gebracht;
Und wird Geschworener erst der Schlauch;
Geschworen hat zur Flasch' er auch.
Tralla! Tralla! 2c.

Ein Auge auf des Ofens Aug',
Das andere auf den Krug,
Das ist des Hüttenmannes Brauch,
Eh' er thut einen Zug.
Auf einmal, Bruder Hüttenmann,
Was auf dreimal ein Anderer kann!
Tralla! Tralla! 2c.

Der Köhler an dem Meiler sitzt,
Vom Qualm und Rauch geschwärzt;
Er deckt und füllt, umfaßt und schwitzt,
Nimmt einen Wurf beherzt.

Die ganze Flasch' auf einen Ruck!
Prosit der ungeheure Schluck!
Tralla! Tralla! 2c.

Der Doktor spricht: der Patient
Muß nun gestärkt sein:
Der Apotheker hat und kennt
Den allerbesten Wein:
Mein Lieber, trink er eins, zwei, drei!
Davon wird Lung' und Leber neu!
Tralla! Tralla! 2c.

Bergfertig dort am Stabe schleicht
Der alte Invalid.
Doch ob er dämpfig stöhnt und keucht;
Er trinkt noch gerne mit.
Büchsenvorsteher keiner hier?
Herr Wirth, ein Mäßchen Doppelbier!
Tralla! Tralla! 2c.

Auf Bergamtstafeln, lang und grün,
Steh'n freilich Gläser nicht,
Man sitzt und spricht mit klugem Sinn,
Und macht ein ernst Gesicht.
Nun wohl bekomm's den guten Herrn!
Sie thun nachher ein Schlückchen gern.
Tralla! Tralla! 2c.

Was jeder Alt' und Junge thut,
Das thun wir Alle heut'.
Im Köhler=, Berg= und Hüttenblut
Steckt es seit alter Zeit.

Drum rufe, wer noch trinken kann:
Glück auf! Berg=, Hütten=, Köhlersmann!
Tralla! Tralla! ꝛc.

––––––––––

28.

Mel.: Gott grüß' dich Bruder Straubinger ꝛc.

Ich glaub', es war zu Lauria,
Dem alten Bergmannsstädtchen,
Da lebte vor uralter Zeit,
Ein wunderschönes Mädchen. —
Und wer's nicht glaubt, dort hängt das Bild,
Im Werth wohl tausend Thaler,
Das einst der Knappschaft deditirt
Herr Schmidt, der Knappschaftsmaler.

Das holde Kind hieß Barbara
Und war der Eltern Freude;
Doch leider war der Herr Papa
Ein wasserscheuer Heide.
Der sprach: „Mein ungetauftes Kind,
Mein Herzblatt, meine Blume,
Versteh' mich wohl! Ich morde dich,
Gehst du zum Christenthume!"

Darauf erwidert Barbara:
„Wer wird denn so feudal sein!
Im liberalen Christenthum
Soll wirklich viel Moral sein.
Und wird der feste Grundbesitz
Auch etwas schroff behandelt,
So ist's doch wahr, daß jeder Christ
Auf rechten Bahnen wandelt."

Darob ergrimmt der Alte sehr,
Beginnt gemein zu fluchen,
Und eilt in's Refectorium
Ein Messer dort zu suchen,
Es calculirte Barbara:
Der Vater will mich morden.
Am besten ist's, ich drücke mich
Bis er gescheudt geworden.

So eilte sie mit leichtem Fuß
Wohl über Thal und Höhen
Und blieb vor einem Haspelschacht
Erschöpften Busens stehen.
„O lieben Bergleut', rettet mich,
Die ihr genannt die Frommen,
Und gebt mir in der Grube doch
Ein sicheres Unterkommen".

Gern half der frommen Hasplerpaar
Und sprach: „Es ist nur übel,
Wir haben halt zur Fahrung blos
Den leeren Förderkübel. —
Denn Fahrten einzubauen ist
In Griechenland nicht Mode,
Was sagte wohl das Fräulein dann,
Käm' es bei uns zu Tode!"

Darauf erwidert Barbara
Mit zukunftsheil'ger Miene:
„Es wird schon geh'n, mich hindert ja
Heut keine Krinoline".
Drauf fuhr sie ohne Zagen ein, —

Gerettet war ihr Leben,
Die Bergleut' faßen unter'm Schacht
Und hielten Bergamt eben.

Sie waren alle fromm und gut,
Ja selbst die Schlepperlümmel,
Und theilten, was sie hatten, mit
An Schwarzbrot und an Kümmel.
Doch wehrten sie von Barbara
Nicht ab die Langeweile,
Und diese trieb sie bald zu Tag
Hinauf am Haspelseile.

Was denn sich zugetragen hat
Erfüllt das Herz mit Trauer. —
Nicht weit vom Schachte lag versteckt
Der Alte auf der Lauer. —
Er fing das arme Mädchen ab
Und schleppt' es im Triumphe,
Und haut und säbelt voller Wuth
Ihr schönes Haupt vom Rumpfe.

Ein einziger Trost ist Barbara
Nach ihrem Tod geblieben,
In das Register wurde sie
Der Heiligen geschrieben,
Und alle Bergleut' welche sie
Genährt mit Brot und Kümmel
Erhielten unter ihrem Schutz
Das Bürgerrecht im Himmel.

Aus der Historie sieht man klar,
Daß schon vor langen Jahren

Bergleute stets Vertheidiger
Bedrängter Unschuld waren,
Und daß, mags auch verboten sein,
Zu rechter Zeit ein Kümmel
Dem Bergmannsleben Trost verleiht
Und nicht verschließt den Himmel.

v. Pakisch.

29.

Des Bergmanns Leben mir gefällt
Vor allem Andern in der Welt,
Die Schätze, die da schliefen;
Mit Schlägel und mit Eisen zieht
Er nach dem Schacht, wo's Glück ihm blüht.
:,: Mit Gott Glück auf! ist seine Losung :,:
ja Losung, ja Losung.

Ist in Gefahr das Vaterland,
So ist der Bergmann gleich zur Hand,
Schwingt muthig sich zu Pferde,
Sagt Lebewohl dem Herde.
Bekannt ist ja des Bergmanns Muth,
Er opfert freudig Gut und Blut
:,: Mit Gott für Vaterland und König :,:
ja König, ja König.

Und wenn das müde Auge bricht,
Verfahren ist die letzte Schicht,
Glück auf denn, Kameraden!
Lebt wohl, nehmt keinen Schaden.

Uebt immer Treu und Redlichkeit,
Daß sich darob die Welt erfreut!
:,: Der Bergmann bleibe stets in Ehren! :,:
ja Ehren, ja Ehren. —

30.

Schön ist Bergmannsleben,
Herrlich ist sein Lohn,
Seine Werke geben
Glanz dem Königsthron,
In der Erde Gründen,
In den Felsen-Schlünden
Strahlt der König der Metalle;
Blitzen lautere Crystalle,
Drum hinaufgeschaut, :,:
Und auf Gott, auf Gott vertraut.

Wenn bei Wetterstürmen,
Mensch und Thier sich scheun,
Wogen hoch sich thürmen,
Fürchten wir kein Dräu'n,
Mag der Donner brüllen,
Nacht den Tag verhüllen,
Wir im sichern Schooß der Erde
Trotzen jeglicher Gefahr,
Drum hinauf geschaut
Und auf Gott vertraut.

Wenn einst unsre Lieder,
In die Nacht verhall'n,

Wenn die matten Glieder
Ruhn vom Erdenwall'n
Wenn der Hammer schweiget
Bergmannsabend neiget,
Flieht der Geist zum ew'gen Lichte,
Trinket Himmels Seligkeit;
Drum hinauf geschaut
Und auf Gott vertraut.

31.

Vater, ich rufe dich!
Fahr' ich in tiefen verborgenen Gründen
Droht mir Verderben aus grausenden Schlünden
Vater der Güte, ich rufe dich,
Vater, du, höre mich!

Vater, du, höre mich!
Wenn ich entfernt von dem Menschen-Gewühle
Kühn und verwegen die Erde durchwühle,
Herrscher der Welten, dann höre mich.
Vater, du, führe mich!

Vater, du, führe mich!
Führ' mich hinab in die Tiefen der Erde,
Führ' mich hinab zu dem friedlichen Heerde.
Vater, dein Wille nur führe mich?
Gott, ich erkenne dich!

Gott, ich erkenne dich!
So in des Erzes hellglänzendem Schimmer,
Wie in dem Bau der einstürzenden Trümmer,

Schöpfer der Welten, erkenn' ich dich;
Vater, ich preise dich!

Vater, ich preise dich!
Spreng' ich des Erzes kristallene Wände,
Weichet die Masse vom Drange der Hände,
Gott, in der Tiefe da preis' ich dich;
Gott, dir ergeb' ich mich!

Gott, dir ergeb' ich mich!
Brausen die Wasser und schlagen die Wetter,
Winkt mir im Unglück kein helfender Retter,
Gott, deinem Willen ergeb' ich mich;
Vater, dir weih' ich mich!

Vater, dir weih' ich mich!
Sollt' ich zerschellen im finsteren Schachte,
Ehe mein Geist noch des Scheidens gedachte,
Ewiger Vater, dir weih' ich mich,
Vater, du, segne mich!

C. Böbert.

32.

Mel.: Ich weiß nicht, was soll es bedeuten ꝛc.

Es rauscht in den Schachtelhalmen
    Verdächtig rauschet das Meer,
Da schwimmt mit Thränen im Auge,
    Ein Ichthyosaurus einher,
Ihn jammert der Zeiten Verderbniß,
Ihn jammert der schmähliche Thon,
Der neuerdings eingerissen
In der Lias=Formation.

Der Plesiosaurus, der Alte,
    Der jubelt in Saus und Braus,
Der Pterodactylus selber
    Floh jüngst betrunken nach Haus.
Der Iguanodon, der Lümmel,
Wird frecher zu jeglicher Frist,
Schon hat er am hellen Tage
Die Ichthyosaura geküßt.

Mir ahnt eine Welt-Katastrophe,
    So kann's nicht weiter mehr geh'n,
Was soll aus dem Lias noch werden,
    Wenn solche Gräuel gescheh'n?
So klaget der Ichthyosaurus,
Da ward's ihm kreidig zu Muth; —
Sein letzter Seufzer verhallte
Im Quader und Zischen der Fluth.

Es starb zur selbigen Stunde
    Die ganze Saurierei,
Sie kamen zu tief in die Kreide,
    Da war's natürlich vorbei.
Und der Euch hat gesungen
Dies petrefactische Lied,
Fand's als fossiles Albumblatt
Auf einem Koprolith.

33.

In unterirdischer Kammer
Sprach grollend der alte Granit:
Da droben den wäßrigen Jammer
Den mach' ich jetzt länger nicht mit!

Langweilig wälzt das Gewässer
Seine salzige Fluth übers Land,
Statt stolzer schöner und besser
Wird Alles voll Schlamm und voll Sand.

Das gäb' eine mitleidswerthe
Geologische Leimsiederei,
Wenn die ganze Kruste der Erde
Nur ein sedimentäres Gebräu!
Am End' wird noch Fabel und Dichtung
Was ein Berg — was hoch und was tief;
Zum Teufel die Flötzung und Schichtung,
Hurrah! ich werd' eruptiv.

Er sprach's und zum Beistand berief er
Die tapfern Porphyre herbei,
Die crystallinischen Schiefer
Riß hönisch er mitten entzwei.
Das zischte und lohte und wallte,
Als nahe das Ende der Welt;
Selbst Grauwack, die züchtige Alte,
Hat vor Schreck auf den Kopf sich gestellt.

Auch Steinkohl und Zechstein und Trias
Entwichen im Innern gesprengt,
Laut jammert im Jura der Lias,
Daß die Gluth ihn von hinten versengt.
Auch die Kalke, die Mergel, die Kreiden
Sprachen später mit wichtigem Ton:
Was erstickte man nicht schon bei Zeiten
Den Keim dieser Revolution.

Doch vorwärts durch Schichten und Seen,
Drang siegreich der feurige Held
Bis daß er von sonnigen Höhen
Zu Füßen sich schaute die Welt.
Da spräch er mit Jodeln und Singen:
Hurrah, das wäre geglückt!
Auch Unsereins kann's zu was bringen,
Wenn er nur herzhaftiglich drückt!

34.

Mel.: Ich weiß nicht, was soll es bedeuten 2c.

Ich weiß eine friedliche Stelle
Im schweigenden Ocean,
Crystallklar schäumet die Welle
Zum Felsengestade hinan.

Im Hafen erschaust du kein Segel,
Keines Menschen Fußtritt am Strand,
Viel tausend reinliche Vögel
Hüten das einsame Land.

Sie sitzen in frommer Beschauung
Kein einziger versäumt seine Pflicht,
Gesegnet ist ihre Verdauung
Und flüssig als wie ein Gedicht.

Die Vögel sind all' Philosophen,
Ihr oberster Grundsatz gebeut:
Den Leib halt' jederzeit offen
Und Alles and're gedeiht.

Was die Väter geräuschlos begonnen,
Die Enkel vollenden das Werk,
Geläutert von tropischen Sonnen
Schon thürmt es empor sich zum Berg.

Sie sehen im rosigsten Lichte
Die Zukunft und sprechen in Ruh':
Wir bauen im Lauf der Geschichte
Noch den ganzen Ocean zu.

Und die Anerkennung der Besten
Fehlt ihren Bestrebungen nicht,
Denn fern im schwäbischen Westen
Der Böblinger Rapsbauer spricht:

Gott seg'n euch, ihr trefflichen Vögel,
An der fernen Guano-Küst',
Trotz meinem Landsmann, dem Hegel,
Schafft ihr den gediegensten Mist.

35.

Mel.: Sie sollen ihn nicht haben ꝛc.

Sie sollen ihn nicht höhnen,
Den wackern Bergmannsstand,
Der Berge macht erdröhnen
Und sprengt die Felsenwand.

So lang er frohen Muthes
Sein schwarzes Kleid noch trägt
So lang er kalten Blutes
Vor Ort das Fäustel regt.

4

Sie sollen ihn nicht höhnen
Den treuen Bergmannsstand,
Der sein „Glück auf" läßt tönen,
Und liebt sein Vaterland!

So lang wir Erz noch brauchen
Zu Krone Pflug und Schwert;
So lang die Hütten rauchen,
Ein Knapp' zur Teufe fährt,

Sie sollen ihn nicht höhnen,
Den Mann aus Luthers Stand,
Der stets bei sanften Schönen
Gediegne Liebe fand.

So lang ein Knapp' Gesänge
Und Wein und Frauen liebt;
So lang' es reiche Gänge
In Mansfelds Bergen giebt.

Sie sollen ihn nicht höhnen,
Den Mann im dunklen Schacht,
Bis einst von seinen Söhnen
Der letzte Schicht gemacht.

Tauer.

36.

Mel: Gott grüß' dich Bruder Straubinger ꝛc.

Verfahren ist die letzte Schicht,
  Heraus ist das Gedinge,
Gelöscht für heut' das Grubenlicht,
  Komm, Zither, komm und singe

Das Lied mir von dem Mädchen vor,
Das ich zur Trauten mir erkor.

Noch schöner, als das schönste Erz,
   Das auf der Halde pranget,
Ist Liebchen, nach dem Mund und Herz
   So sehnlich jetzt verlanget,
Es ist so bieder, ist so hold
Und reiner als gediegen Gold.

Wenn's nur von fern mein Auge sieht,
   Sieht seine Wangen glühen,
Sieht, wie der offne Busen blüht,
   Dann muß der Unmuth fliehen.
Und Ruhe kehrt mit jedem Blick
Ins kummervolle Herz zurück.

Und wenn sie traulich mit mir spricht,
   Hält mich ihr Arm umschlungen,
Dann tausch' ich mit dem Consul nicht,
   Der Land und Meer bezwungen;
Und küßt sie mich, dann sicherlich
Ist keiner glücklicher als ich.

Du, lieber Gott, du weißt's allein,
   Wie hoch ich's Mädel achte.
Sprich drum: Glück auf, und gieb Gedeihn
   Zu dem, wonach ich trachte;
Gieb, daß ich bald mag Steiger sein,
Und kann das liebe Mädel frei'n!

K. Ch. W. Kolbe.

37.

Stimmt an mit hellem hohem Klang,
Stimmt an das Lied der Lieder,
Des Vaterlandes Hochgesang,
Das Waldthal hall' es wieder.

Der alten Barden Vaterland,
Dem Vaterland der Treue,
Dir, niemals ausgesung'nes Land,
Dir weih'n wir uns auf's Neue.

Zur Ahnentugend wir uns weih'n,
Zum Schutze deiner Hütten;
Wir lieben deutsches Fröhlichsein
Und alte deutsche Sitten.

Die Barden sollen Lieb' und Wein,
Doch öfter Tugend preisen,
Und sollen biedre Männer sein
In Thaten und in Weisen.

Ihr Kraftgesang soll himmelan
Mit Ungestüm sich reißen,
Und jeder ächte deutsche Mann
Soll Freund und Bruder heißen.

Claudius († 1815).

38.

Vom hoh'n Olymp herab ward uns die Freude,
Ward uns der Jugendtraum bescheert;
D'rum, traute Brüder, trotzt dem blassem Neide,
Der uns're Jugendfreuden stört.
    Feierlich schalle der Jubelgesang
    Schwärmender Brüder beim Becherklang!

Versenkt in's Meer der jugendlichen Wonne,
Lacht uns der Freuden hohe Zahl;
Bis einst am späten Abend uns die Sonne
Nicht mehr entzückt mit ihrem Strahl.
    Feierlich &c

So lang' es Gott gefällt, ihr lieben Brüder,
Woll'n wir uns dieses Lebens freu'n;
Und, fällt der Vorhang einstens uns hernieder,
Vergnügt uns zu den Vätern reih'n.
    Feierlich &c.

Herr Bruder, trink auf's Wohlsein deiner
                      Schönen,
Die deiner Jugend Traum belebt.
Laßt ihr zur Ehr' ein flottes Hoch ertönen,
Daß ihr's durch jede Nerve bebt.
    Feierlich &c.

Ist einer uns'rer Brüder dann geschieden,
Vom blassen Tod gefordert ab,
So weinen wir und wünschen Ruh' und Frieden
In unsers Bruders stilles Grab.
    Wir weinen und wünschen Ruhe hinab
    In unsers Bruders stilles Grab! —

Sei mir willkommen, Tod, für meine Brüder,
Du, meiner Wünsche höchstes Ziel!
Mich preisen nicht der Nachwelt hohe Lieder,
Mich preis't ein brüderlich Gefühl.
    Heil dem Geweihten, er scheut nicht den Tod,
    Trotzet dem Sturme, der draußen ihm droht!

So lange wir, als einer Kette Glieder,
Uns nur zu lieben stets bemüh'n,
So lange wir mit Freuden, treue Brüder,
Für's Burschenwohl die Schläger zieh'n:
    Brüder, so lange erschrecken uns nicht
    Feindliche Hieber und strenges Gericht!

Carl Georg Naumann.

39.

Wohl auf, noch getrunken den funkelnden Wein!
Ade nun, ihr Lieben, geschieden muß sein!
Ade nun, ihr Berge, du väterlich Haus!
Es treibt in die Ferne mich mächtig hinaus!
    Juvivallera, juvivallera, juvivallerallerallera,
    Juvivallera, juvivallera, juvivallerallerallera!

Die Sonne, sie bleibet am Himmel nicht steh'n,
Es treibt sie, durch Länder und Meere zu geh'n;
Die Woge nicht haftet am einsamen Strand,
Die Stürme, sie brausen mit Macht durch das
                         Land.

Mit eilenden Wolken der Vogel dort zieht.
Und singt in der Ferne manch' heimathlich Lied:

So treibt es den Burschen durch Wälder und Feld,
Zu gleichen der Mutter, der wandernden Welt.

Da grüßen ihn Vögel, bekannt über'm Meer
Sie flogen von Fluren der Heimath hierher;
Da duften die Blumen vertraulich um ihn,
Sie treiben vom Lande die Lüfte dahin.

Die Vögel, sie kennen sein väterlich Haus,
Die Blumen einst pflanzt' er mit Liebe zum
Strauß;
Und Liebe, die folgt ihm, die geht ihm zur Hand:
So wird ihm zur Heimath das ferneste Land!

Justinus Kerner.

40.

Sind wir nicht zur Herrlichkeit geboren?
Sind wir nicht gar schnell emporgedieh'n!
Malz und Hopfen sei an uns verloren,
Haben unsere Alten oft geschrie'n.
Säh'n sie uns doch hier,
Valleralla!
Bei dem lieben Bier,
Valleralla!
Das uns Amt und Würden hat verlieh'n!

Ganz Europa wundert sich nicht wenig,
Welch' ein neues Reich entstanden ist.
Wer am meisten trinken kann, ist König;
Bischof, wer die' meisten Mädchen küßt.

Wer da kneipt recht brav,
Heißt bei uns Herr Graf,
Wer da randolirt, wird Policist.

Unser Arzt studirt den Katzenjammer,
Trinkgesänge schreibt der Hofpoet!
Der Hofmundschenk inspicirt die Kammer,
Wo am schwarzen Brett die Rechnung steht.
Und der Herr Finanz
Liquidirt mit Glanz,
Wenn man contra usum sich vergeht.

Um den Gerstensaft, ihr edlen Seelen,
Dreht sich unser ganzer Staat herum;
Brüder zieht, verdoppelt eure Kehlen,
Bis die Wände kreisen um und um.
Bringet Faß auf Faß!
Aus dem Faß ins Glas!
Aus dem Glas ins Refectorium!

Im Olymp bei festlichen Gelagen,
Brüder, sind wir uns einander nah,
Wenn dann Hebe kommt, um uns zu fragen:
Wünschen Sie vielleicht Ambrosia?
Wie kommst du mir für,
Bring mir bairisch Bier!
Ewig bairisch' Bier, Hallelujah!

Wollheim.

41.

Brüder, zu den festlichen Gelagen
Hat ein guter Gott uns hier vereint;

Allen Sorgen laßt uns jetzt entsagen,
Trinken mit dem Freund, der's redlich meint.
Da, wo Nektar glüht, valleralla!
Holde Luft entblüht, valleralla!
Wie den Blumen, wenn der Frühling scheint.

Laßt uns froh die gold'ne Zeit durchschwärmen,
Hangen an des Freundes treuer Brust;
An dem Freunde wollen wir uns wärmen,
In dem Weine kühlen unf're Luft.
In der Traube Blut, valleralla!
Trinkt man deutschen Muth, valleralla!
Wird der Mann sich hoher Kraft bewußt.

Nippet nicht, wenn Bacchus Quelle fließet,
Aengstlich an des vollen Bechers Rand;
Wer das Leben tropfenweis genießet,
Hat des Lebens Deutung nicht erkannt.
Nehmt ihn frisch zum Mund,
Leert ihn bis zum Grund,
Den ein Gott vom Himmel uns gesandt.

Auf des Geistes lichtgewohnten Schwingen
Stürzt der Jüngling muthig in die Welt;
Wack're Freunde will er sich erringen,
Die er fest und immer fester hält.
Bleibt die Meinen All',
Bis zum Welteinfall
Treu dem Freund auf ewig zugesellt.

Lasset nicht die Jugendkraft verrauchen,
In dem Becher winkt der gold'ne Stern!

Honig laßt uns von den Lippen saugen,
Lieben ist des Lebens süßer Kern! —
Ist die Kraft versauft,
Ist der Wein verbraust,
Folgen, alter Charon, wir dir gern!

42.

Hier sind wir versammelt zu löblichem Thun,
Drum, Brüderchen, ergo bibamus!
Die Gläser, sie klingen, Gespräche sie ruhn;
Beherziget: ergo bibamus!
Das heißt noch ein altes, ein tüchtiges Wort,
Und passet zum ersten und passet so fort,
Und schallet, ein Echo, vom festlichen Ort,
Ein herrliches ergo bibamus!

Mich ruft das Geschick von Freunden hinweg:
Ihr Redlichen, ergo bibamus!
Ich scheide von ihnen mit leichtem Gepäck,
Drum doppeltes: ergo bibamus!
Und was auch der Filz vom Leibe sich schmorgt,
So bleibt für den Heitern doch immer gesorgt,
Weil immer der Frohe dem Fröhlichen borgt;
Nun, Brüderchen, ergo bibamus!

Was sollen wir sagen vom heutigen Tag?
Ich dächte nur: ergo bibamus!
Er ist nun einmal von besonderem Schlag,
Drum immer auf's Neue: bibamus!

Er führet die Freunde durch's offene Thor,
Es glänzen die Wolken, es theilt sich der Flor,
Da leuchtet ein Bildchen, ein göttliches, vor,
Wir klingen und singen: bibamus!

Goethe.

43.

Freiheit, die ich meine,
Die mein Herz erfüllt!
Komm mit deinem Scheine,
Süßes Engelsbild!
Magst du nie dich zeigen
Der bedrängten Welt?
Führest deine Reigen
Nur am Sternenzelt?

Auch bei grünen Bäumen
In dem lust'gen Wald,
Unter Blüthenträumen
Ist dein Aufenthalt!
Ach! das ist ein Leben,
Wenn es weht und klingt,
Wenn dein stilles Weben
Wonnig uns durchbringt:

Wenn die Blätter rauschen
Süßen Freundesgruß,
Wenn die Blicke tauschen,
Liebeswort und Kuß.

Aber immer weiter
Nimmt das Herz den Lauf,
Auf der Himmelsleiter
Steigt die Sehnsucht auf.

Aus den stillen Kreisen
Kommt mein Hirtenkind,
Will der Welt beweisen,
Was es denkt und minnt.
Blüht ihm doch ein Garten,
Reift ihm doch ein Feld
Auch in jener harten,
Steinerbauten Welt.

Wo sich Gottes Flamme
In ein Herz gesenkt,
Das am alten Stamme
Treu und liebend hängt;
Wo sich Männer finden,
Die für Ehr' und Recht
Muthig sich verbinden, —
Weilt ein frei' Geschlecht!

Hinter dunkeln Wällen,
Hinter ehr'nem Thor
Kann das Herz noch schwellen
Zu dem Licht empor,
Für die Kirchenhallen,
Für der Väter Gruft,
Für die Liebsten fallen
Wenn die Freiheit ruft.

Das ist rechtes Glühen,
Frisch und rosenroth;
Heldenwangen blühen
Schöner auf im Tod.
Wollest auf uns lenken
Gottes Lieb' und Lust,
Wollest gern dich senken
In die deutsche Brust!

Freiheit, die ich meine,
Die mein Herz erfüllt,
Komm mit deinem Scheine,
Süßes Engelsbild;
Freiheit, holdes Wesen,
Gläubig, kühn und zart,
Hast ja lang' erlesen
Dir die deutsche Art.

Max v. Schenkendorf (1813).

44.

Wer hat dich, du schöner Wald
Aufgebaut so hoch da droben?
Wohl, den Meister will ich loben,
So lang' noch mein' Stimm' erschallt!
   Lebe wohl, lebe wohl!
   Du schöner Wald!

Tief die Welt verworren schallt,
Oben einsam Rehe grasen,
Und wir ziehen fort und blasen,

Daß es tausendfach verhallt.
  Lebe wohl, lebe wohl!
  Du schöner Wald!

Was wir still gelobt im Wald,
Wollen's draußen ehrlich halten,
Ewig bleiben treu die alten,
Bis das letzte Lied verhallt.
  Lebe wohl, lebe wohl!
  Schütz' dich Gott, du deutscher Wald!

45.

Als wir jüngst in Regensburg waren,
Sind wir über den Strudel gefahren;
Da war'n viele Holden,
Die mitfahren wollten,
Schwäbische, bairische Dirndel juchhe!
Muß der Schiffsmann fahren.

Und von ihrem Ahnenschlosse
Kam auf stolzem, hohem Rosse
Adlig' Fräulein Kunigund',
Wollt' mit fahr'n über Strudels Grund.
Schwäbische ꝛc.

„Schiffsmann, lieber Schiffsmann mein,
Sollt's denn so gefährlich sein?
Schiffsmann, sag' mir's ehrlich:
Ist's denn so gefährlich?"
Schwäbische ꝛc.

„Wer sein Kränzlein thät bewahren,
Kann mit über den Strudel fahren,
(oder: Wem der Myrthenkranz geblieben,
Landet froh und sicher drüben;)
Wer es (ihn) hat verloren,
Ist dem Tod erkoren!"

Als sie auf die Mitt' gekommen,
Kam ein großer Nix angeschwommen,
Nahm das Fräulein Kunigund'
Mit sich in des Strudels Grund.

Und ein Mägdlein von zwölf Jahren
Ist mit über den Strudel gefahren; —
Weil sie noch nicht lieben gekunnt,
Fuhr sie sicher über Strudels Grund!

46.

Die Hussiten zogen vor Naumburg
Ueber Jena her und Kamburg;
Auf der ganzen Vogelwies'
Sah man nichts als Schwert und Spieß,
An die hunderttausend.

Als sie nun vor Naumburg lagen,
Kam darein ein Schrei'n und Klagen
Hunger quälte, Durst that weh,
Und ein einzig' Loth Kaffee
Kam auf sechzehn Pfennig.

Als die Noth nun stieg zum Gipfel,
Faßt' die Hoffnung man beim Zipfel,
Und ein Meister von der Schul'
Sann anf Rettung und verful
Endlich auf die Kinder.

„Kinder," sprach er, „ihr seid Kinder,"
Unschuldsvoll und keine Sünder;
Ich führ' euch zu Procop hin,
Der wird nicht so grausam sin,
Euch zu massakriren."

Dem Procopen thät es scheinen,
Kirschen kaufte er den Kleinen;
Zog darauf sein langes Schwert,
Commandirte: „Rechts um, kehrt!
Hinterwärts von Naumburg.

Und zu Ehren des Mirakul
Ist alljährlich ein Spectakul,
Das Naumburger Kirschenfest,
Wo man's Geld in Zelten läßt.
Freiheit, Victoria!

47.

Das Jahr ist gut, braun Bier ist gerathen,
D'rum wünsch' ich mir nichts, als drei Tau-
                                     send Ducaten,
Damit ich kann schütten braun Bier in mein Loch;
Und je mehr ich davon trinke, desto besser
                                     schmeckt's noch.

Seh' ich ein braun' Bier, o welch' ein Vergnügen,
Da thu' ich vor Freuden die Mütze abziegen,
Betracht' das Gewächse, o große Allmacht!
Das aus einem Traurigen einen Lustigen macht!

Wenn Einer vor Schulden nicht kann bleiben
zu Hause,
So geht er in's Wirthshaus und setzt sich zum
Schmause;
Er setzt sich zum Braunen und thut, was er kann,
Und wer ihn da fordert, der kommt übel an.

Unser Herrgott muß endlich wohl selber drüber
lachen,
Was die Menschen für närrische Sachen thun
machen,
Planiren, plattiren, plattiren, planiren;
Und am Ende, da thun sie noch gar appelliren.

Bei der ersten Halben, da ist's mäuschenstille,
Weil Keiner mit einer was anfangen wille,
Die zweite ist kritisch, die dritte muß ziegen,
Bei der vierten giebt's Schläg', daß die Haar'
davon fliegen.

Wenn ich einst sterbe, so laßt mich begraben,
Nicht unter den Kirchhof, nicht über den Schragen;
Hinunter in'n Keller, wohl unter das Faß!
Lieg' gar nicht gern trocken, lieg' allweil gern naß.

Auf meinem Grabsteine, da könnt' ihr einst lesen,
Was ich für ein närrischer Kauz bin gewesen,
Beständig betrunken, zuweilen ein Narr,
Doch ein ehrlicher Kerl, und das Letzte ist wahr.

5

48.

Der Papst lebt herrlich in der Welt,
Es fehlt ihm nie an Ablaßgeld,
Dafür trinkt er den besten Wein,
Ich möchte doch der Papst wohl sein!

Doch nein! er ist ein armer Wicht:
Ein deutsches Mädchen küßt ihn nicht;
Er schläft in seinem Bett allein,
Ich möchte doch der Papst nicht sein!

Der Sultan lebt in Saus und Braus,
Er wohnt in einem großen Haus,
Voll wunderschöner Mägdelein,
Ich möchte wohl der Sultan sein!

Doch nein! er ist ein armer Mann:
Denn folgt er seinem Alkoran,
So trinkt er keinen Tropfen Wein,
Ich möchte doch nicht Sultan sein!

Getheilt veracht' ich beider Glück,
Und kehr' in meinen Stand zurück,
Doch, Brüder, ich gesteh' es ein:
Halb Papst, halb Sultan möcht' ich sein!

D'rum, Mädel, gieb mir einen Kuß;
Denn ich bin dein Herr Sultanus!
Ihr trauten Brüder, schenket ein,
Ich will zugleich der Papst auch sein!

49.

Es steht ein Wirthshaus an der Lahn,
Da halten alle Fuhrleut' an.
Frau Wirthin sitzt am Ofen,
Die Fuhrleut' sitzen rings herum,
Den Wein kann keiner sofen.

Frau Wirthin hat auch einen Mann,
Der spannt die Fuhrleut' selber an;
Er schenkt vom allerbesten
Ullrichsteiner Fruchtbranntwein,
Und setzt ihn vor den Gästen.

Frau Wirthin hat auch einen Knecht,
Und was der thät, das war ihr recht.
Er kunnt' auch caressiren;
Und wenn er morgens früh aufsteht,
Da kunnt' er sich nicht rühren.

Frau Wirthin hat auch eine Magd,
Die sitzt im Garten und pflückt Salat;
Sie kann es kaum erwarten,
Bis daß das Glöcklein zwölfe schlägt,
Da kommen die Soldaten.

Und als das Glöcklein zwölfe schlug,
Da hatte sie noch nicht genug;
Da fing sie an zu weinen
Mit: ei herrjeh! und ach herrjeh!
Jetzt hab' ich wied'rum keinen!

Wer hat denn dieses Lied gemacht?
Zwei Solidaten auf der Wacht,
Ein Musquetier und Pfeifer;
Und wer das Lied nicht singen kann,
Der fang' es an zu pfeifen.

50.

Ein luft'ger Musikante spazirte einst am Nil.
O tempora! o mores!
Da kroch aus den Gewässern ein großes Krokodil.
O tempora! o mores!
Das wollt' ihn ja verschlucken.
Wer weiß wie das geschah?
Juchheirassassassa!
O tempo — tempora!
Gelobet sei'st du jederzeit, Frau Musika!

Da nahm der Musikante herfür sein' alten Geigen,
O tempora etc.
Und thät mit seinem Fiebelbogen fein darüber
                                         streichen.
O tempora etc.
Allegro, dolce, presto, wer weiß ꝛc.
Und als der Musikante den ersten Strich gethan,
Da fing das Krokobilus zu tanzen an:
Menuet, Galopp und Walzer. Wer weiß ꝛc.

Es tanzte wohl im Sande im Kreise ringsherum,
Und tanzte sieben alte Pyramiden um.
Die waren alle wacklig. Wer weiß ꝛc.

Und als die Pyramiden das Teufelsvieh erschlagen,
Da ging der Musikante und stärkte seinen Magen.
Champagnerwein, Burgunderwein. Wer weiß ꝛc.

Eine Musikanten=Kehle, die ist als wie ein Loch,
Und hat sie noch nicht aufgehört, so säuft sie
                                        immer noch.
Und wir, wir trinken mit ihm.   Wer weiß ꝛc.

51.

Ein Heller und ein Batzen,
Die waren beide mein;
Der Heller ward zu Wasser,
Der Batzen ward zu Wein.

Die Wirthsleut' und die Mädel
Die schreien ach und weh: —
Die Wirthsleut', wenn ich komme,
Die Mädel, wenn ich geh'!

Mein' Stiefel sind zerrissen,
Mein' Schuh' die sind entzwei, —
Und draußen auf der Haide
Da singt der Vogel frei!

Und gäb's keine Landstraß' nirgends,
Da säß' ich still zu Haus; —
Und gäb's kein Loch im Fasse,
Da tränk' ich gar nicht draus!

52.

Warum soll im Leben
Ich nach Bier nicht streben,
Warum soll ich denn nicht manchmal lustig sein?
Meines Lebens Kürze
Allerbeste Würze
Sind die Gerstensäfte und der Wein.

Möcht' im Keller liegen,
Mich am Bierfaß schmiegen,
Mir die Kehle netzen, Vivat Bachus! schrei'n,
Möchte mich berauschen,
Nicht mit Fürsten tauschen
Und im Wahne selbst ein König sein.

Wenn mich Kummer drücket
Und das Schicksal tücket,
Wenn mich Amor fliehet und kein Mädchen liebt,
In der Trinkerhalle,
Bei dem Bierpokale
Bleibt das Herz mir ewig ungetrübt:

Wenn die Auen grünen
Und die Bächlein rinnen,
Wenn die Felder strotzen, reifer Gerste voll,
Wenn auf Hopfenstangen
Duft'ge Blüthen prangen,
Ach, wie wird mir da um's Herz so wohl!

Jenem guten König,
Dem der Wein zu wenig,

Der aus Gerste hat den edlen Trank gemacht;
   Diesen will ich loben,
   Dort im Himmel oben,
Bis der Stoff mit mir ein Ende macht.

   Darum, traute Brüder,
   Singet frohe Lieder,
Nehmt die Deckelgläser in die Hand und trinkt,
   Lebt in Jubelfreuden,
   Bis von hier wir scheiden,
Bis des Lebens goldne Sonne sinkt.

53.

Mel: Wohl auf, Kameraden, auf's Pferd 2c.

Wenn spät der Schwarm sich verlaufen hat
Um die mitternächtliche Stunde,
Dann findet unter den Edleren statt
Eine würdige Tafelrunde.
Es sind, erhaben ob Raum und Zeit,
Die Ritter von der Gemüthlichkeit.

Und wie der Zapfen vom Fasse springt,
So springt der Deckel vom Herzen;
Und was sich darinnen bewegt, das klingt
In lustigen Liedern und Scherzen.
Es sind, dem freien Worte geweiht,
Die Ritter von der Gemüthlichkeit,

Wenn Einem trocken die Kehle wird,
Und er durstig lechzt nach dem Nassen,

So ist es dieser Ritter Art,
Daß sie nicht sterben ihn lassen,
Es sind, dem Wohle der Menschen geweiht,
Die Ritter von der Gemüthlichkeit.

Und wenn sich etliche Thoren gar
In traurigem Irrthum bekannten
Zu jener beklagenswerthesten Schaar,
Der Secte der Flagellanten, —
Dann setzen zurecht den Kopf bei Zeit
Die Ritter von der Gemüthlichkeit.

D'rum lebe hoch das freie Wort,
Das frisch von den Lippen uns rinne!
D'rum lebe, wem nicht die Kehle verdorrt
Und wer nicht verachtet die Minne!
D'rum leben, erhaben ob Raum und Zeit,
Die Ritter von der Gemüthlichkeit!

54.

Es hatten drei Gesellen
Ein fein Collegium,
Es kreiste so fröhlich der Becher
In dem engen Kreise herum.

So saßen sie und tranken,
Und waren froh und frei, —
Des Weltalls Grillen und Sorgen
Die gingen an ihnen vorbei.

Da starb von den Dreien der Eine,
Der And're folgte ihm nach, —
Und es blieb von den Dreien der Eine
In dem öden Jubelgemach.

Und wenn die Stunde gekommen
Des Zechens und der Lust, —
Dann thät er die Becher füllen,
Und sang aus voller Brust:

Ich trink' Euch ein Schmollis, ihr Brüder!
Was sitzt ihr so stumm und so still?
Was soll aus der Welt noch werden,
Wenn Keiner mehr trinken will?
Da klangen der Gläser dreie,
Und wurden 'mählig leer. —
Fiducit, fröhlicher Bruder! —
Der trank keinen Tropfen mehr. —

55.

Mel.: Heute scheid' ich, heute wandr' ich :c.

An der Saale hellem Strande
Stehen Burgen, stolz und kühn.
Ihre Dächer sind gefallen,
Und der Wind streicht durch die Hallen,
Wolken ziehen drüber hin.

Zwar die Ritter sind verschwunden,
Nimmer klingen Speer und Schild;
Doch dem Wandersmann erscheinen
Auf den altbemoosten Steinen
Oft Gestalten zart und mild.

Droben winken holde Augen,
Freundlich lacht manch rother Mund,
Wandrer schaut wohl in die Ferne,
Schaut in holder Auge Sterne,
Herz ist heiter und gesund.

Und der Wandrer zieht von dannen,
Und die Trennungsstunde ruft:
Und er singet Abschiedslieder,
Lebewohl tönt ihm hernieder,
Tücher wehen in der Luft. *)

Franz Kugler.

56.

Bekränzt mit Laub den lieben, vollen Becher,
　Und trinkt ihn fröhlich leer!
In ganz Europia, ihr Herren Zecher,
　Ist solch' ein Wein nicht mehr.

Er kommt nicht her aus Ungarn, noch aus Polen,
　Noch wo man franzmänn'sch spricht,
Da mag Sanct Veit, der Ritter, Wein sich holen,
　Wir holen ihn da nicht.

Ihn bringt das Vaterland aus seiner Fülle;
　Wie wär' er sonst so gut?
Wie wär' er sonst so edel, wäre stille,
　Und doch voll Kraft und Muth!

---

*) Studentenlesart beim Scheiden ist: Und der
Wandrer muß von dannen, von den Brüdern fortgebannt,
und er singet Abschiedslieder, zieht zur Heimath, kehrt
nicht wieder an des Rheines kühlen Strand.

Er wächst nicht überall im deutschen Reiche;
    Und viele Berge, hört,
Sind wie, die weiland Kreter, faule Bäuche,
    Und nicht der Stelle werth.

Thüringens Berge, zum Exempel, bringen
    Gewächs, 's sieht aus wie Wein;
Ist's aber nicht, man kann dabei nicht singen,
    Dabei nicht fröhlich sein.

Im Erzgebirge dürft ihr auch nicht suchen,
    Wenn Wein ihr finden wollt;
Das bringt nur Silbererz und Kobaltkuchen
    Und etwas Lausegold.

Der Blocksberg ist der lange Herr Philister,
    Er macht nur Wind, wie der;
D'rum tanzen auch der Kuckuk und sein Küster
    Auf ihm die Kreuz und Quer.

Am Rhein, am Rhein, da wachsen uns're Reben,
    Gesegnet sei der Rhein!
Da wachsen sie am Ufer hin und geben
    Uns diesen Labewein.

So trinkt ihn denn, und laßt uns allewege
    Uns freu'n und fröhlich sein!
Und wüßten wir, wo Jemand traurig läge,
    Wir gäben ihm den Wein.

                        M. Claudius.

57.

Es zogen drei Burschen wohl über den Rhein,
Bei einer Frau Wirthin da kehrten sie ein.

„Frau Wirthin! Hat sie gut Bier und Wein?
Wo hat sie ihr schönes Töchterlein?"

„Mein Bier und Wein ist frisch und klar,
Mein Töchterlein liegt auf der Todtenbahr'."

Und als sie traten zur Kammer hinein,
Da lag sie in einem schwarzen Schrein.

Der Erste, der schlug den Schleier zurück
Und schaute sie an mit traurigem Blick:

„Ach! lebtest du noch, du schöne Maid!
Ich würde dich lieben von dieser Zeit!"

Der Zweite deckte den Schleier zu
Und kehrte sich ab, und weinte dazu:

„Ach! daß du liegst auf der Todtenbahr'!
Ich hab' dich geliebt so manches Jahr!"

Der Dritte hob wieder den Schleier sogleich,
Und küßte sie auf den Mund so bleich:

„Dich lieb' ich immer, dich lieb' ich noch heut',
Und werde dich lieben in Ewigkeit."

L. Uhland.

———

58.

Gestern, Brüder, könnt ihr's glauben?
Gestern, bei dem Saft der Trauben,
Stellt euch mein Entsetzen für!
Gestern kam der Tod zu mir!
Hop, hop, hop! Vivallerallera!
Vivallerallerallera!

Drohend schwang er seine Hippe,
Drohend sprach das Furchtgerippe!
Fort von hier, du Bacchusknecht!
Fort, du hast genug gezecht!

Lieber Tod, sprach ich mit Thränen,
Solltest du nach mir dich sehnen?
Siehe, da steht Wein für dich!
Lieber Tod, verschone mich!

Lächelnd griff er nach dem Glase,
Lächelnd trank er's auf der Base,
Auf der Pest Gesundheit leer;
Lächelnd stellt er's wieder her.

Fröhlich glaubt' ich mich befreiet,
Als er schnell sein Droh'n erneuet:
Narr, für einen Tropfen Wein
Denkst du meiner los zu sein?

Tod, bat ich, ich möcht' auf Erden
Gern ein Mediciner werden,
Laß mich! ich verspreche dir
Meine Kranken halb dafür.

Gut, wenn das ist, magst du leben,
Sprach er, nur sei mir ergeben:
Lebe, bis du satt geküßt
Und des Trinkens müde bist!

O, wie schön klingt das den Ohren;
Tod, du hast mich neu geboren!
Dieses Glas voll Rebensaft,
Tod, auf gute Brüderschaft!

Ewig soll ich also leben!
Ewig denn, beim Gott der Reben!
Ewig soll mich Lieb' und Wein,
Ewig Wein und Lieb' erfreu'n.

G. E. Lessing.

59.

Im Wald und auf der Haide,
Da such ich meine Freude,
Ich bin ein Jägersmann.
Den Wald und Forst zu hegen,
Das Wildpret zu erlegen,
Das ist's, was mir gefällt.
:,: Halli, hallo, halli, hallo,
Das ist's, was mir gefällt. :,:

Das Huhn im schnellen Fluge,
Die Schnepf' im Zickzackzuge
Treff' ich mit Sicherheit.

Die Sauen, Reh' und Hirsche
Erleg' ich auf der Bürsche.
Der Fuchs läßt mir sein Kleid.
:,: Halli, hallo ꝛc.

Kein'n Heller in der Tasche,
Ein Schlückchen aus der Flasche,
Ein Stückchen schwarzes Brod!
Den treuen Hund zur Seite,
Wenn ich den Wald durchschreite,
Dann hat es keine Noth.
:,: Halli, hallo ꝛc.

Zur Erde hingestrecket,
Den Tisch mit Moos bedecket,
Wie reizend die Natur!
Brennt lustig meine Pfeife,
Wenn ich den Wald durchstreife,
Auf Gottes freier Flur.
:,: Halli, hallo ꝛc.

So zieh ich durch die Wälder,
So eil' ich durch die Felder
Wohl hin den ganzen Tag:
Dann fliehen mir die Stunden,
Gleich flüchtigen Secunden,
Eil' ich dem Wilde nach.
:,: Halli, hallo ꝛc.

Wenn sich die Sonne neiget,
Der düstre Nebel steiget,
Das Tagewerk ist gethan:

Dann kehr' ich von der Haide
Zur häuslich stillen Freude,
Ein frommer Jägersmann.
:,: Halli, hallo ꝛc.

60.

In alten Büchern kann man lesen,
Daß Isaak's waren reiche Leut',
Nur daß zwei Söhne sind gewesen,
Das bracht' sie in Verlegenheit.
Drum setzt' er ein vor seinem Sterben
Wie sehr auch ihn Rebekka bat:
Der älteste soll Alles erben,
Das war das erste Majorat.

Daß David, König und Gebieter,
Von Samuel dazu erwählt,
Zuerst gewesen Rinderhüter,
Das wird ganz allgemein erzählt.
Doch selber sagt er, daß mit Kummer
Er nieder in die Grube fahr,
Und daraus sieht wohl auch ein Dummer,
Daß er der erste Bergmann war.

Auch er hat manchmal schlecht gehandelt,
Einst guckt er überm Gartenzaun,
Und sieht, wie eben Lust sie wandelt,
Die schönste aller Judenfrau'n

Den Gatten schickt er schnell auf Reisen
In diplomatischer Mission,
Und wirft ihn, da er bleibt in Eisen.
Das war die erste Annexion.

Der Moses gab dem Judenvolke
Zuerst Gesetze schwarz auf weiß,
Schrieb sie gehüllt in eine Wolke
Des Sinai mit vielem Fleiß.
Auf Marmor hat er eingraviret,
Was seines Volkes Wohl betraf.
Drum auch ihn der Ruhm gebühret
Zu sein der erste Lithograph.

v. Pakisch.

61.

Mein Lebenslauf ist Lieb' und Lust
Und lauter Liedersang'
    Juvallera!
Ein frohes Lied aus heit'rer Brust
Macht froh den Lebensgang,
    Juvallera!
Man geht bergaus, man geht bergein,
Heut' grad' und morgen krumm
    Juvallera!
Durch Sorgen wird's nicht besser sein,
D'rum kümmr' ich mich nichts d'rum.
    Heida, heida, juchhe!
D'rum kümmr' ich mich nichts d'rum;
    Heida, heida, juchhe!
D'rum kümmr' ich mich nichts d'rum!

Die Zeit ist schlecht, mit Sorgen trägt
Sich schon das junge Blut;
Doch wo ein Herz für Freude schlägt
Da ist die Zeit noch gut:
Herein, herein, du lieber Gast,
Du, Freude, komm' zum Mahl,
Würz' uns, was du bescheeret hast,
Kredenze den Pokal!

Es wird ja auch der junge Most
Gekeltert und gepreßt;
Doch braust er auf in Götterkost,
Bereitet manches Fest;
Wozu der Gram? mir geht es just,
Wie unser'm alten Wein:
Ich brause auf in Lieb' und Lust,
Und das wirds Beste sein!

Weg, Grillen, wie's in Zukunft geht,
Und wer den Scepter führt,
Das Glück auf einer Kugel steht,
Und wunderbar regiert;
Die Krone nehme Bachus hin!
Nur er soll König sein,
Die Freude sei die Königin,
Die Residenz am Rhein!

Beim großen Faß zu Heidelberg,
Da sitze der Senat,
Und auf dem Schloß Johannisberg
Der hochwohlweise Rath.

Der Herrn Minister Regiment
Soll beim Burgunder-Wein,
Der Kriegsrath und das Parlament
Soll beim Champagner sein.

So sind die Rollen ausgetheilt,
Und Alles wohlbestellt;
So wird die kranke Zeit geheilt
Und jung die alte Welt.
Der Traube Saft kühlt heiße Gluth,
D'rum leb' das neue Reich!
Ein trunk'ner Muth, ein froher Muth:
Der Wein macht Alles gleich.

Mahlmann.

62.

Morgen muß ich fort von hier
Und muß Abschied nehmen.
O du allerschönste Zier,
Scheiden das bringt Grämen!
Da ich dich so treu geliebt,
Ueber alle Maßen,
:,: Soll ich Dich verlassen! :,:

Wenn zwei gute Freunde sind,
Die einander kennen —
Sonn' und Mond bewegen sich,
Ehe sie sich trennen.
Wie viel größer ist der Schmerz,
Wenn ein treu verliebtes Herz
In die Fremde ziehet!

6*

Dort auf jener grünen Au'
Steht mein jung frisch Leben;
Soll ich denn mein Leben lang
In der Fremde schweben?
Hab' ich Dir was Leid's gethan,
Bitt' dich, woll's vergessen,
Denn es geht zu Ende.

Küsset dir ein Lüftelein
Wangen oder Hände:
Denke, daß es Seufzer sei'n
Die ich zu dir sende.
Tausend schick' ich täglich aus,
Die da wehen um dein Haus,
Weil ich dein gedenke.

63.

Dort wo der Rhein mit seinen Wellen
So mancher Burg bemooste Trümmer grüßt,
Dort, wo die blauen Trauben saftger schwellen
Und kühler Most des Winzers Müh' versüßt.
Dort möcht' ich sein, dort möcht' ich sein, bei
dir, du Vater Rhein,
Auf deinen Bergen möcht' ich sein.

Ach, könnt' ich dort in leichter Gondel schaukeln
Und hörte dann ein schönes Winzerlied,
Viel schön're Träume würden mich umgaukeln,
Als sie der Pleiße flaches Ufer sieht.

Dort möcht' ich sein, dort möcht' ich sein, wo
                       Deine Welle rauscht,
Wo's Echo hinter'm Felsen lauscht.

Dort, wo der grauen Vorzeit schöne Lügen
Sich freundlich drängen um die Phantasie,
Dort ist, ja, meine Sehnsucht kann nicht trügen,
Dort ist das Land der schönen Poesie,
Dort möcht' ich sein, dort möcht' ich sein, bei
                       dir, du Vater Rhein,
Wo Sagen sich an Sagen reih'n.

Wo Burg und Klöster sich aus Nebel heben
Und jedes bringt die alten Wunder mit,
Den kräft'gen Ritter seh' ich wieder leben,
Er sucht das Schwert, mit dem er oftmals stritt.
Dort möcht' ich sein, dort möcht' ich sein, wo
                       Burgen auf den Höh'n,
Wie alte Leichensteine steh'n.

Ja, dorthin will ich meinen Schritt beflügeln,
Wohin mich jetzt nur meine Sehnsucht treibt,
Will freudig eilen zu den Rebenhügeln,
Wo die Begeist'rung aus Pokalen schäumt!
Bald bin ich dort, bald bin ich dort, und du,
                     o Vater Rhein,
Stimmst froh in meine Sehnsucht ein.

———

64.

Im kühlen Keller sitz' ich hier
Auf einem Faß voll Reben,
Bin frohen Muth's und lasse mir
Vom allerbesten geben.
Der Küper zieht den Heber voll,
Gehorsam meinem Winke,
Reicht mir das Glas, ich halt's empor,
Und trinke, trinke, trinke.

Mich plagt ein Dämon Durst genannt;
Doch um ihn zu verscheuchen,
Nehm' ich mein Deckelglas zur Hand
Und laß mir Rheinwein reichen.
Die ganze Welt erscheint mir nun
In rosenrother Schminke;
Ich könnte Niemand Leides thun,
Ich trinke, trinke, trinke.

Allein mein Durst vermehrt sich nur
Bei jedem vollen Becher;
Dies ist die leidige Natur
Der ächten Rheinweinzecher!
Doch tröst' ich mich, wenn ich zuletzt
Vom Faß zu Boden sinke,
Ich habe keine Pflicht verletzt,
Ich trinke, trinke, trinke.

65.

Wir hatten gebauet
Ein stattliches Haus,
:,: Und drin auf Gott vertrauet
Trotz Wetter, Sturm und Graus. :,:

Wir lebten so traulich,
So einig, so frei;
Den Schlechten ward es graulich,
Wir hielten gar zu treu.

Sie lugten, sie suchten
Nach Trug und Verrath
Verleumdeten, verfluchten
Die junge, grüne Saat.

Was Gott in uns legte,
Die Welt hat's veracht't,
Die Einigkeit erregte
Bei Guten selbst Verdacht.

Man schalt es Verbrechen,
Man täuschte sich sehr;
Die Form, die kann zerbrechen,
Die Liebe nimmermehr.

Die Form ist zerbrochen,
Von außen herein,
Doch, was man drin gerochen,
Ist eitel Dunst und Schein.

Das Band ist zerschnitten,
War Schwarz, Roth und Gold,
Und Gott hat es gelitten,
Wer weiß, was er gewollt!

Das Haus mag zerfallen —
Was hat's denn für Noth?
Der Geist lebt in uns Allen,
Und unsere Burg ist Gott!

———————

66.

In einem kühlen Grunde,
Da geht ein Mühlenrad;
:,: Mein Liebchen ist verschwunden,
Das dort gewohnet hat. :,:

Sie hat mir Treu' versprochen,
Gab mir ein'n Ring dabei;
Sie hat die Treu' gebrochen,
Das Ringlein sprang entzwei.

Ich möcht als Spielmann reisen
Weit in die Welt hinaus,
Und singen meine Weisen
Und gehn von Haus zu Haus.

Ich möcht' als Reiter fliegen
Wohl in die blut'ge Schlacht,
Um stille Feuer liegen
Im Feld bei dunkler Nacht.

Hör ich' das Mühlrad gehen,
Ich weiß nicht, was ich will —
Ich möcht' am liebsten sterben,
Da wär's auf einmal still.

J. v. Eichendorff.

67.

Der Mai ist gekommen, die Bäume schlagen aus,
Da bleibe, wer Lust hat, mit Sorgen zu Haus!
Wie die Wolken dort wandern am himmlischen
Zelt,
So steht auch mir der Sinn in die weite, weite
Welt.

Herr Vater, Frau Mutter, daß Gott euch behüt!
Wer weiß, wo in der Ferne mein Glück mir
noch blüht?
Es giebt so manche Straße, die nimmer ich
marschirt,
Es giebt so manchen Wein, den ich nimmer
noch probirt.

Frisch auf drum, frisch auf im hellen Sonnenstrahl
Wohl über die Berge, wohl durch das tiefe Thal!
Die Quellen erklingen, die Bäume rauschen all';
Mein Herz ist wie 'ne Lerche und stimmet ein
mit Schall.

Und Abends im Städtlein, da kehr' ich durstig ein:
„Herr Wirth, mein Herr Wirth, eine Kanne
blanken Wein!

Ergreife die Fiedel, du lust'ger Spielmann du!
Von meinem Schatz das Liedel, das sing' ich dazu".

Und find' ich keine Herberg', so lieg' ich zur Nacht
Wohl unter blauem Himmel; die Sterne halten
     Wacht;
Im Winde die Linde, die rauscht mich ein gemach,
Es küßt in der Frühe das Morgenroth mich wach.

O Wandern, o Wandern, du freie Burschenlust!
Da wehet Gottes Odem so frisch in der Brust;
Da singet und jauchzet das Herz zum Himmelszelt:
Wie bist du doch so schön, o du weite, weite
     Welt!

E. Geibel 1834.

68.

Weg mit den Grillen und Sorgen!
Brüder, es lacht ja der Morgen
Nur in der Jugend so schön!
D'rum laßt uns die Becher bekränzen,
Laßt bei Gesängen und Tänzen
Uns durch die Pilgerwelt geh'n,
Bis uns Cypressen umweh'n!

Flüchtig verrinnen die Jahre!
Schnell von der Wiege zur Bahre
Trägt uns der Fittig der Zeit!
Noch sind die Tage der Rosen;
Schmeichelnde Lüftchen umkosen

Busen und Wangen uns heut.
Brüder, genießet die Zeit!

Fröhlich zu wallen durch's Leben,
Trinken vom Safte der Reben,
Heißt uns der Wille des Herrn.
Auf d'rum, ihr munteren Zecher!
Singt seine Güte bei'm Becher,
Fröhliche sieht er so gern.
Preiset den gütigen Herrn!

Seht! Dort im Osten und Westen
Keltert man Trauben zu Festen.
Gott schuf zur Freude den Wein.
Gott schuf die Mädchen zur Liebe,
Pflanzte die seligsten Triebe
Tief in den Busen uns ein.
Liebet — und trinket den Wein!

Dräu't euch ein Wölkchen von Sorgen,
Scheucht es durch Hoffnung bis morgen!
Hoffnung macht Alles uns leicht. —
Hoffnung, du sollst uns umschweben,
Sollst uns mit Freude beleben!
Und wenn Freund Hein uns beschleicht,
Machst du den Abschied uns leicht.

69.

Ist Alles dunkel, ist Alles trübe,
Dieweil mein Schatz einen andern liebt.
Ich hab' geglaubt, sie liebet mich,
Aber nein, aber nein, sie hasset mich.

Was nützet mir ein schöner Garten,
Wenn and're d'rin spazieren gehn,
Und pflücken mir die Rosen ab?
Woran ich meine Freude hab'.

Was nützet mir ein schönes Mädchen,
Wenn and're mit spazieren gehn,
Und küssen ihr die Schönheit ab?
Woran ich meine Freude hab'.

Seht! dort kommen sechs schwarze Leute
Und tragen mich zum Thor hinaus,
Und legen mich in's kühle Grab,
Worin ich meine Ruhe hab.

Und dann pflanzet auf meinen Hügel
Roßmarin und Thymian,
Damit ich was zu riechen hab'.
Woran ich meine Freude hab'. —

Kirsch und Kümmel hab' ich getrunken,
So daß ich nicht mehr stehen kann,
Und wenn ich nicht mehr stehen kann,
Dann kommen all' die schwarzen Männer
Und legen mich in's kühle Grab.

70.

Was ein echter Heuschreck ist,
Hupst im Sommer auf der Wies'.
Auf der Wiese muß er singen,
Allweil hin und wieder springen;

Auf der Wies' ist sein Gespann,
Da fährt ihn keine Langweil' an.
Heuschreck hin, Heuschreck her,
Alter Heuschreck hupft nicht mehr.

Und die edle Heuschreckin
Pfleget sein mit treuem Sinn!
Und an ihrem treuen Busam
Ruht der Heuschreck nächtig, ruhsam,
Ruht, in's grüne Gras gestreckt,
Bis der Tag zum Springen weckt
Heuschreck her, Hauschreck hin,
Es lebe hoch die Heuschreckin!

Und so lang' der Sommer scheint,
Hupfen beide, eng vereint.
Er unzwingbar, wild, anarchisch, —
Sie constitutionell monarchisch.
Fällt im Herbst der erste Reif,
Wird der Heuschreck alt und steif.
Heuschreck hin, Heuschreck her,
Todter Heuschreck hupft nicht mehr. —

71.

Ihr Leutchen, seid mir All, willkommen!
Und setzt euch um den Tisch herum.
    Und trinkt mit mir
      Ein gut' Glas Bier,
Und raucht dazu Toback,
    Toback, back, back,
Und raucht dazu Toback.

Ein edles Kraut ist der Toback,
's trägt mancher große Herr im Sack.
    Stein, Stahl und Schwamm
    Sind stets beisamm'
Beim edlen Rauchtoback 2c,

Ein Student kann eher ohn' Latein,
Als ohne lange Pfeife sein.
    Kanon' und Flausch
    Sehn nobel aus
Bei einer Pfeif, Toback 2c.

Und wenn das edle Kraut nicht wär',
Ständ' mancher Tobacksladen leer,
    Der früh und spat
    Die Losung hat
Zu allerlei Toback 2c.

Der Jung', zum Rauchen noch nicht reif,
Stiehlt seinem Vater eine Pfeif'
    Und freut sich sehr
    An der Stadtmauer
An einer Pfeif' Toback 2c.

Der Invalid' auf einem Bein
Läßt darum nicht das Rauchen sein,
    Hat spät und früh
    In der Physiognomie
Die Pfeif' und raucht Toback 2c.

Der Nachtwächter auf kalter Straß',
Der wärmt sich an der Pfeif' die Nas',

Er ruhet nur,
Wenn er ruft die Uhr, —
Raucht wieder gleich Toback 2c.

Dem Kutscher fehlt das Mittelstück,
In den Abgnß steckt er's Elastik
Und rauchet keck
Durch Schmier' und Dreck
Geschmackvoll Rauchtoback 2c.

Zwei Handwerksbursch auf Reisen sein
Und haben nur der Pfeisen ein',
So rauchen sie
Per Compagnie
Aus einer Pfeif' Toback 2c.

Und auch der Bergmann ist nicht faul,
Steckt sich sein Pfeifchen in das Maul
Und raucht vor Ort
In einem fort
'ne Pfeise Rauchtoback 2c.

Und auch der edle Hüttenmann
Steckt an der Schlack sein Pfeifchen an
Und pustet sehr
Rings um sich her
Den Dampf vom Rauchtoback 2c.

Ich weiß nicht, was soll es bedeuten,
Daß ich so traurig bin?
Ein Mährchen aus alten Zeiten,
Das kommt mir nicht aus dem Sinn.
Die Luft ist kühl und es dunkelt,
Und ruhig fließt der Rhein,
Der Gipfel des Berges funkelt
Im Abendsonnenschein.

Die schönste Jungfrau sitzet
Dort droben wunderbar,
Ihr goldnes Geschmeide blitzet,
Sie kämmt sich ihr goldenes Haar,
Sie kämmt es mit goldenem Kamme,
Und singt ein Lied dabei,
Das hat eine wundersame,
Gewaltige Melodei.

Den Schiffer im kleinen Schiffe
Ergreift es mit wildem Weh,
Er schaut nicht die Felsenriffe,
Er schaut nur hinauf in die Höh'!
Ich glaube, die Wellen verschlingen
Am Ende noch Schiffer und Kahn.
Das hat mit ihrem Singen
Die Lorelei gethan.

73.

Es ist bestimmt in Gottes Rath,
Daß man vom Liebsten, was man hat,
        Muß scheiden.
Wiewohl doch nichts im Lauf der Welt
Dem Herzen, ach, so sauer fällt,
        Als scheiden.

Wo dir geschenkt ein Knösplein was,
So thu' es in ein Wasserglas,
        Doch wisse:
Blüht morgen dir ein Röslein auf,
Es welket schon die Nacht darauf,
        Das wisse!

Und hat dir Gott ein' Lieb' bescheert,
Und hältst du sie recht innig werth,
        Die Deine:
Es wird wohl wenig Zeit nur sein,
Da läßt sie dich so gar allein,
        Dann weine!

:,: Nun mußt du mich auch recht versteh'n :,:
Wenn Menschen aus einandergeh'n,
        So sagen sie:
:,: Auf Wiederseh'n! auf Wiederseh'n! :,:

74.

Die Leineweber haben eine saubere Zunft,
   Harum bidscharum —
Mittfasten halten sie Zusammenkunft,
   Harum bidscharum —
   Aschegraue, dunkelblaue —
   Mir ein Viertel, dir ein Viertel —
   Fein oder grob,
   Geld giebt's doch!
   Aschegraue, dunkelblaue —

Die Leineweber schlachten alle Jahr zwei Schwein,
   Harum bidscharum —
Das eine ist gestohlen, das andere ist nicht sein
   Harum bidscharum —
   Aschegraue 2c.

Die Leineweber nehmen keinen Lehrjungen an,
   Harum bidscharum —
Der nicht sechs Wochen hungern kann
   Harum bidscharum —
   Aschegraue 2c.

Die Leineweber haben auch ein Schifflein klein,
   Harum bidscharum —
D'rauf fahren sie die Mücken und die Fl— drein.
   Harum bidscharum —
   Aschegraue 2c.

Die Leineweber machen eine zarte Musik,
    Harum bidscharum —
Als führen zwanzig Müllerwagen über die Brück.
    Harum bidscharum —
    Aschegraue ꝛc.

75.

Jetzt schwingen wir den Hut,
Der Wein, der Wein war gut.
Der Kaiser trinkt Burgunderwein,
Sein schönster Junker schenkt ihm ein,
Und schmeckt ihm doch nicht besser, nicht besser.

Der Wirth, der ist bezahlt,
Und keine Kreide malt
Den Namen an die Kammerthür
Und hinten d'ran die Schuldgebühr;
Der Gast darf wiederkommen, ja kommen,

Und wer sein Gläschen trinkt,
Ein lustig Liedlein singt
In Frieden und mit Sittsamkeit,
Und geht nach Haus zu rechter Zeit,
Der Gast darf wiederkehren, in Ehren.

Jetzt, Brüder, gute Nacht!
Der Mond am Himmel wacht,
Und wacht er nicht, so schläft er noch,
Wir finden Weg und Hausthür doch,
Und schlafen aus in Frieden, in Frieden!

               J. P. Hebel († 1826).

76.

Es steht ein Baum im Odenwald,
Der hat viel grüne Aest';
Da bin ich wohl viel tausendmal
Bei meinem Schatz geweft.

Da sitzt ein schöner Vogel drauf,
Der pfeift gar wunderschön;
Ich und mein Schätzel horchen auf,
Wenn wir mit'nander gehn.

Der Vogel sitzt in seiner Ruh'
Wohl auf dem höchsten Zweig;
Und schauen wir dem Vogel zu,
So pfeift er also gleich.

Der Vogel sitzt in seinem Nest
Wohl auf dem grünen Baum:
Ach Schätzel, bin ich bei dir g'weft,
Oder ist es nur ein Traum?

Und als ich wieder kam zu ihr,
Verdorret war der Baum;
Ein andrer Liebster stand bei ihr;
Ja wohl, es war ein Traum.

Der Baum, der steht im Odenwald,
Und ich bin in der Schweiz,
Da liegt der Schnee so kalt, so kalt,
Mein Herz er mir zerreißt.

77.

Mel : Wenn alle untreu werden :c.

Es ward einmal geschlagen bei Belle = Alliance
die Schlacht,
Und die, so dort gefallen, deckt tiefe dunke Nacht.
Ein Trost ist übrig blieben der durch das Dun=
kel bricht:
Es stirbt die alte Garde, doch sie ergiebt sich nicht.

Und sind wir auch gefallen, besiegt vom edlen
Bier,
Stehn wir, Walhalla's Helden, doch Morgen
wieder hier,
Und trinken dann von Neuem, und unser Wahl=
spruch spricht:
Es stirbt die alte Garde, doch sie ergiebt sich nicht.

Wohl auf, hier ist die Garde, hier ist la belle
Alliance,
Und dicht gereih't die Schaaren der tapfern
la Vaillance,
Viel Freunde sind gefallen, der letzte sterbend
spricht:
Es stirbt die alte Garde, doch sie ergiebt sich nicht.

Hollbein.